위버멘쉬
위의
위버멘쉬
차라투스트라의 말

위버멘쉬 위의 위버멘쉬
차라투스트라의 말

초판 1쇄 인쇄 2025년 11월 22일
초판 1쇄 발행 2025년 11월 29일

지은이 프리드리히 니체
옮긴이 계토피아
펴낸이 박세현
펴낸곳 팬덤북스

기획 편집 곽병완
디자인 김민주
마케팅 전창열
SNS 홍보 신현아

주소 (우)14557 경기도 부천시 조마루로 385번길 92 부천테크노밸리유1센터 1110호

전화 070-8821-4312 | **팩스** 02-6008-4318
이메일 fandombooks@naver.com
블로그 http://blog.naver.com/fandombooks

출판등록 2009년 7월 9일(제386-251002009000081호)

ISBN 979-11-6169-377-4 03100

* 이 책은 저작권법에 따라 보호받는 저작물이므로 무단전재와 무단복제를 금지하며,
  이 책 내용의 전부 또는 일부를 이용하려면 반드시 출판사 동의를 받아야 합니다.
* 책값은 뒤표지에 있습니다.
* 잘못된 책은 구입처에서 바꿔드립니다.

위버멘쉬
위의
위버멘쉬

차라투스트라의 말

● 프롤로그를 대신하며 ●

위버멘쉬 위의 위버멘쉬
차라투스트라.
지금 우리는 왜 그를 만나야 하는가?

인생에서 한 번은
《차라투스트라는 이렇게 말했다》를 만나라

"나는 《차라투스트라는 이렇게 말했다》를 씀으로써 인류에게 역사상 가장 위대한 선물을 안겨 주었다."

니체는 《차라투스트라는 이렇게 말했다》를 쓰고 이렇게 말했단다.

정신과 의지, 영원과 죽음, 초인과 권력에 대한 철학적 사상과 잠언적 역설을 시적 비유와 수사법으로 담은 니체의 《차라투스트라는 이렇게 말했다》는, 1885년 현대 문명의 위선, 허무, 퇴폐, 타락, 무의지, 거짓 등을 비판하면서 세상에 대한 니체 자신만의 사유와 자유, 그리고 권력에의 의지를 표현한 책이다.

이 책은 차라투스트라를 모세나 엘리야와 같은 성경 속 선지자나 예언자에 비유하고 있다. 신학성경에 나오는 예수와 마찬가지로 차라투스트라도 산과 사막, 강과 호수를 건너고 낙타와 나귀, 뱀과 비둘기, 바다와 태양 등을 만나서 자연의 위대함을 깨닫고, 그런 깨달음을 제자와 세인들에게 전파하고 주문한다. 그리고 말의 형식이나 내용은 성경의 복음서를 따르고 있다. 그럼에도 니체는 이 책은 '가장 위대한 선물'인 성경보다 더 위대하다며 자신감을 넘어 자부심을 갖고 말했다.

'시인들은 비유와 궤변을 늘어놓는다.'라고 일침은 놓았던 예언자 차라투스트라도 학자이면서 시인이었다. 그런 만큼 《차라투스트라는 이렇게 말했다》에도 시인 차라투스트라의 비유와 궤변, 그리고 역설이 가득하다. 그래서 이해하기가 쉽지 않은 책이지만, 솔직히 니체의 다른 책보다 독자의 입장이나 경험에서 축적된 내공으로 자신만의 해석을 해도 좋은 책이기도 하다.

혹여 이 말이 니체 전문 학자들에게는 건방지게 들릴지 모르겠다. 하지만 나는 30년 가까이 철학, 미학, 미술사, 대중예술을 공부하고, 그것에 대한 글을 쓰고, 20년 가까이 대학에서 다양한 학과의 학생들에게 강의하면서 느낀 점은, 미술이든 문학이든 철학이든 어떻게 해석하느냐의 몫은 관객들이나 독자들에게 있다고 생각한다. 고매한 이론서든 난해한 그림도 아는 만큼 보이고 필요한 만큼 이해되게 되어 있다.

특히 연극의 시적 대사가 가득한 《차라투스트라는 이렇게 말했다》는 해석자로서 독자의 관심과 능력에 따라 다양하게 이해될 수 있고, 오해될 수 있다. 하지만 이해와 오해 사이의 아노미적 인식이 그렇게 문제가 아니다. 그렇지 않다면,《차라투스트라는 이렇게 말했다》를 읽으면서 그토록 차라투스트라가 경멸하고 경계했던 우상의 황혼에 우리도 스스로 빠지는 오류를 범하게 될 터이니 말이다.

사실 마그리트나 살바도르 달리의 그림이 난해하고 어려운 것은 감상에 독이 되기도 하지만 약이 되기도 한다. 그만큼 해석의 범위는 널려 있으니. 어쨌거나 해석의 깊이는 그 관객의 내공에 달린 문제다. 예술작품에 대한 해석엔 정답은 없다. 무수한 답만 존재할 뿐이다. 니체의 다른 책도 그렇지만, 이 책도 마찬가지다. 오히려 이 책이 해석에 훨씬 더 열려 있다.

니체의 시詩 – 니체는《차라투스트라는 이렇게 말했다》를 음악에 비유했다지만, 나는 이 책을 초현실주의적 시라고 생각한다. 음악도 시였으니, 같은 말이긴 하다. 그럼에도 난 굳이 '시'라고 적는다 – 에서 차라투스트라의 비유와 궤변은 하나로 귀착된다. 바로 자유 의지와 영원한 정신의 초월자인 다시 말해 위버멘쉬 Übermench다. 위버멘쉬와 함께, 이 책은 니체 철학을 떠받치고 있는 핵심 주제라 할 수 있는 신의 죽음, 가치전복, 권력에의 의지, 영원회귀, 용기, 지혜, 자연으로의 복귀를 관통한다.

기존의 도덕과 사회적 관습과 관념을 뛰어넘어 스스로 가치와 자유를 창조하며 삶을 개척해나가는 인간상을 의미하는 초인은 니체 철학의 시작이면서 끝이나 다름없다. 니체는 차라투스트라가 '인간이 만든 신과 도덕이 가장 심각한 오류이며 환상이다.'는 점을 일깨운 최초의 인간이라고 강조하면서, 신의 죽음 이후 인간이 나아가야 할 새로운 가치와 삶의 태도를 차라투스트라의 입을 통해서 주문하고 당부한다.

니체의 《차라투스트라는 이렇게 말했다》는 학교에서 배운 지식이나 교양으로 이해하는 책이 아니라, 후천적 경험이나 선천적 통찰력, 아니면 육감으로 공감하는 책이다. 역사적 맥락이 중요한 것이 아니라, 니체가 아니 차라투스트라가 말하는 의미와 의도, 그리고 뉘앙스를 독자 스스로가 체득하고 깨달음을 얻어야 하는 책이다. 그래서 어렵다. 그래서 난해하다. 그렇기에 누구나 읽을 수 있다. 마치 어린 시절에 읽었던 난해한 시처럼 말이다.

니체는 이렇게 말했다.

"문장을 이해한다는 것은 그 문장을 체험하는 것이다."

인생에 한 번은 '차라투스트라'를 만나라

그렇다면 디지털 미디어와 AI의 기술이 인간의 사상과 의지, 그리고 유희마저도 지배하고 결정하는 이 시대에, 왜 우리는 기원전 1000년경에나 활동했던 조로아스터교의 창시자 차라투스트라를 만나야 하는가?

사실 니체의 차라투스트라와 조로아스터교의 창시자 차라투스트라는 상관없다. 학자마다 의견이 분분하지만, 역사 속에서 차라투스트라는 기원전 1000년 전의 학자며 예언자로 이름은 '차라투스트라 스피타마'였다. 이를 풀이하면, '위풍당당하고 공격적인, 낙타를 다수를 소유한 자'다. 광야에서 낙타는 매우 중요한 동물이다. 그런 점에서 차라투스트라는 낙타를 다수 소유한 부잣집이나 귀족의 혈통으로 보인다.

차라투스트라는 일찍부터 우주 질서와 선과 악에 관

심을 가졌다고 한다. 그래서 나이 서른 살에 유일신 창조주의 부름을 받아 예언자가 된 차라투스트라는, 인류의 역사는 선과 악의 투쟁을 통해서 전개된다고 설명했다. 여기서 비록 후대의 이야기지만, 서른 살에 하나님의 말씀을 전도하기 시작한 예수에 비견된다. 그래서 그의 종교론은 진지한 유일신, 천지창조, 선과 악, 천국과 지옥, 천사와 사탄, 메시아 재림, 메시아의 죽음과 부활, 종말과 심판, 그리고 구원 등으로 정리된다.

어디서 많이 들어본 종교관이지 않은가? 기원전 500년경 신바빌로니아에서 포로생활을 하던 유대인들은 자신들만의 종교를 만들기 위해 유대교를 이론화하려고 했다. 그 이론화의 초석이 된 것이, 당시 그 지역에서 국가 종교로 널리 알려져 있던 조로아스터교였다. 따라서 조로아스터교 창시자 차라투스트라는 그리스도 교리의 형성에 많은 영향을 미친다. 그런 점에서 니체는 예언자 차라투스트라를 구세주 예수 그리스도의 반열에 올려놓는다.

그런데 여기서 《차라투스트라는 이렇게 말했다》의 주인공 차라투스트라는 니체가 만든 가상의 캐릭터다. 왜? 니체는 차라투스트라를 내세웠을까? 먼저, 기존의 그리스도 세계관과 신에 대한 부정을 그리스도 교리에 영향을 미친 차라투스트라의 말을 통해서 역설적으로 비판하기 위해서였다. 둘째, 당시로선 이름 없는 한 철학자가 자신의 혁신적이고 반사회적·반종교적 주장을 내세우기 위해서, 위대한 예언자 차라투스트라의 예언가적 이미지를 활용한 것이다. 니체는 영리했으며, 후대에는 니체의 이 전략이 적중했다.

그럼에도 니체는 이 책을 쓰고도 속이 편하지만 않았던 것 같다. 1881년 2월 1일, 니체는《차라투스트라는 이렇게 말했다》1부를 쓴 후 친구 페터 가스트에게 "나는 독일에서 미치광이로 취급당할 것 같다."고 당시 심경을 토로했다. 지금도 그렇지만, 당시에도 니체의 이처럼 도발적인 종교관과 세계관은 대중에게 쉽사리 받아들여지기 힘들었다. 그래서 오히려 급진적 예언자로서 차라투스트라에 애착을 넘어서 집착을 한 것인지도 모른다. 실제로 니체는 '역사를 전체 속에서 사유한 차라투스트라'를 존경할 수밖에 없다고 말했다.

그렇다면 니체가 차라투스트라라는 종교 예언가의 입을 빌려 쓴 이 책이 출간된 지 140년이나 지난 지금, 우리는 왜 미친 철학자의 퀴퀴한 역설과 논증 불가능한 궤변을 들어야 한다는 말인가? 심지어 제1차 세계대전과 제2차 세계대전 때 독일 나치정권에서는 이 책은 나치의 민족주의 이념을 뒷받침하는 이론이라는 오명까지 뒤집어 써야 했다. 이 땅에서 인류의 진정한 구원이 무엇인지를 고민했던 니체는 독일 반유대주의의 선봉에 나선 철학자가 돼 버렸다. 그가 의도했든 의도하지 않았든, 세상에는 그를 그렇게 폄훼하는 자들도 있다.

그럼에도 우리가 지금 니체를 다시 바라보고, 그의 차라투스트라를 다시 만나야 하는 이유들이 있다.

우리가 지금 차라투스트라를 만나야 하는 첫 번째 이유는, 그는 우리가 현재 살고 있는, 이 오류와 대립 투성이인 세상에 대한 다른 시각을 던져주기 때문이다. 심지어 그 시각이 전복적이고 혁명적이고 심지어 낯선 관점을 갖고 있다고 하더라도, 그것 또한 우리 삶의 모순과 비극을 그대로 반영하고 있다. 이전 세상이 만들어놓은, 이전 관습이 짜놓은 도덕과 규칙은 이 복잡한 현대 사회에서 우리에게 적확하게, 아니 정당하게 적용이 되고 있는 걸까? 이 책은 그것에 대한 의문점을 품으라고 말하고, 다른 시각을 가져라고 주문한다.

우리가 지금 차라투스트라를 만나야 하는 두 번째 이유는, 그는 우리에게 도움이 되는 쓰고 차갑고 매정한 조언을 해주기 때문이다. 사실 따듯한 조언이 위선이거나 거짓인 경우가 너무나 많다. 차라투스트라는 우리의 삶을 결코 온실 속에 가두어놓지 마라고 주문한다. 야전 전투에서 총알과 포탄을 피해 달리고 넘어지면, 다시 일어나서 달리고 그렇게 살아남기 위한 처절한 몸부림과

의지를 가질 것으로 조언한다. 이런 역설의 조언이 진정으로 우리에게 피가 되고 살이 된다. 그것이 곧 발전과 진보의 의지며 용기다.

우리가 지금 차라투스트라를 만나야 하는 세 번째 이유는, 나 같은 사람도 권력에의 의지가 만든 자유로운 정신을 가진 초인이 될 수 있다는 깨달음을 주었기 때문이다. 흔히 초인이라고 하면 마치 만화 속에서나 등장하는 슈퍼맨 같은 슈퍼 히어로로 생각한다. 하지만 니체의 초인은 그리스 로마 신화 속에서 나오는 혈통적·신탁적으로 선택받은 영웅이 아니라, 중국 무협에서 보잘것없고 몸마저 성하지 않은 범인凡人이 피나는 노력을 통해서 절대무공을 발휘하는 무사에 더 가깝다. 그래서 초인은 운명을 따르지 않고 주어진 숙명과 고통을 이겨내려는 자신의 의지와 노력을 따른다.

우리가 지금 차라투스트라를 만나야 하는 네 번째 이유는, 차라투스트라는 우리에게 해답을 주지 않기 때문이다. 차라투스트라는 우리에게 질문을 하고 윽박지르고 경고하고 주문한다. 그럼에도 우리에게 명쾌한 해답과 방향을 알려주지 않으며, 기독교처럼 무조건 믿으라고 하지도 않는다. 심지어 차라투스트라 자신에게까지도. 대신 우리에게 사유할 것을 권한다. 사색할 것을 권한다. 혼자 고독을 즐길 것을 권한다. 그리고 깨달을 것을 주문한다.

이 책은 해설서가 아니라, 지금 나에게 말하는 위로와 깨달음의 말을 전한다

나는 20살에 니체를 만났고, 50대에 차라투스트라를 다시 만났다. 30년의 간격에서 난 차라투스트라가 내 삶의 언저리에 있음을 감사하게 생각한다. 혼자 밤의 고독을 보내면서, 차라투스트라의 말을 다시 곱씹어본다. 그리고 쓰기 시작했다.

이 책은 니체의 《차라투스트라는 이렇게 말했다》의 해설서가 아니라, 30년 전에 내가 만난 '니체의 차라투스트라'가 지금 우리에게 어떻게 다가오는 것인가에 주목한 책이다. 그래서 이 책은 《차라투스트라는 이렇게 말했다》의 전체 내용을 번역한 것이 아니라, 그 책에서 지금 우리에게 적용할 만한 내용을 새로운 관점으로 편하게 편역한 철학 에세이에 가까울 수 있다.

어떤 부분은 자기계발 에세이에 가까울 수 있다. 하지만 '~해라'식의 자기계발식 명령이나 충고에 집착하기보다, 비유와 상징, 은유로 가득한 차라투스트라의 가르침이 철학적·사회적 의미 너머에 있는 삶의 지식과 지혜에 새롭게 접근하고자 했다.

그래서 전반적으로 종교성이 짙은 내용이나 4장 후반에 있는 성경과 성경의 내용에 빗대어 차라투스트라의 이야기를 기술한 이야기를 과감하게 뺐다. 너무나 철학적이기도 하지만, 너무나 기독교에 대한 니체 개인의 반감과 반골이 너무나 묻어나서였다. 좀더 보편적인, 우리의 피부에 와 닿는 깨달음의 말에 중점을 두고자 한 것이다.

결론적으로 이 책은 《차라투스트라는 이렇게 말했다》의 부제를 니체가 '이 책은 모든 사람을 위한, 그리고 그 누구를 위한 것도 아닌 책이다.'라고 기록에 남겼듯, 계토피아가 니체의 《차라투스트라는 이렇게 말했다》를 다시 읽고 새롭게 쓴 책이다. '이 책은 모든 사람을 위한 책은 아니지만, 한 번쯤 차라투스트라를 만나고 싶은 사람, 만나야 할 사람을 위한 책이다.'

차례

● 프롤로그를 대신하며
위버멘쉬 위의 위버멘쉬 차라투스트라.
지금 우리는 왜 그를 만나야 하는가?   4

1장

차라투스트라의 여정

1. 차라투스트라의 여정 하나,   23
2. 차라투스트라의 여정 둘,   25
3. 차라투스트라의 여정 셋,   29
4. 차라투스트라의 여정 넷,   34
5. 차라투스트라의 여정 다섯,   38
6. 차라투스트라의 여정 여섯,   43
7. 차라투스트라의 여정 일곱,   46
8. 차라투스트라의 여정 여덟,   48
9. 차라투스트라의 여정 아홉,   52
10. 차라투스트라의 여정 열,   56

차라투스트라의 말 1

: 험난한 세상과 고독한 삶에 지혜롭게
 대처하는 깨달음

1. 사자의 의지로 세상에 맞서라	61
2. 죽음과 같은 잠을 경계하라	65
3. 망상의 세계를 믿지 마라	69
4. 저 편의 세계를 맹신하는 자에겐 세상은 닫힌다	73
5. 몸이 없다면 자아도 없다	76
6. 열정이 없는 자에겐 환희도 없다	80
7. 높이 오르려고 할수록 외로워진다	84
8. 죽음을 설교하는 자를 믿지 마라	88
9. 삶은 전쟁터다	91
10. 국가는 새로운 우상이다	95
11. 군중을 믿지 마라	99
12. 벗도 적이 될 수 있음을 인정하라	103
13. 이웃보다 너 자신을 먼저 사랑하라	107
14. 창조하는 자는 고독하다	111
15. 적에겐 적의로써 대하라	114
16. 자유로운 죽음을 맞이하라	117
17. 베푸는 자의 눈길은 황금처럼 빛난다	120

3장

차라투스트라의 말 2

: 세상이 만든 편견과 고정관념에서
  나를 자유롭게 만드는 깨달음

1. 거울 속의 아이를 보라	127
2. 창조의 노동이 수확의 행복을 만든다	131
3. 어쭙잖은 동정보다 차라리 냉정하고 솔직하라	135
4. 대가를 바라는 덕은 더 이상 덕이 아니다	139
5. 평등을 부르짖는 자의 혀는 독이다	143
6. 군중의 숭배에 속지 마라	147
7. 밤의 고독을 즐기자	151
8. 지혜는 삶의 나침반이다	155
9. 내 청춘의 무덤에 누가 침을 뱉으랴	159
10. 자기 극복의 의지로 나아가라	163
11. 현대인의 교양은 가면이다	167
12. 순수로 가장한 위선은 음탕하다	170
13. 위선적인 학자를 믿지 마라	174
14. 가짜 시인의 비유를 믿지 마라	178
15. 진정한 구세주는 누구인가?	182
16. 실천하는 자는 지혜로운 자다	186

4장

차라투스트라의 말 3

: 이 찰나의 순간과 주어진 운명을
  사랑하면서 변화를 꿈꾸는 삶의 깨달음

1. 삶은 기나긴 방랑의 여정이다 — 193
2. 삶은 오르락내리락하는 순간의 연속이다 — 197
3. 행복은 의지 없이 얻어지지 않는다 — 202
4. 순수한 자연으로 돌아가라 — 206
5. 비열한 자는 늘 곁에 있다 — 210
6. 아첨하는 자는 원숭이의 혀를 가졌다 — 214
7. 변절자들은 기다림을 모른다 — 218
8. 외롭지 말고 고독하라 — 221
9. 자신을 사랑하는 법을 배워라 — 226
10. 삶은 부메랑처럼 돌아온다 — 230
11. 내일의 행복을 위해 지금 준비하라 — 234
12. 양심에는 뇌가 없어야 한다 — 238
13. 세상을 속이는 마술사를 조심하라 — 242
14. 진정한 위버멘쉬는 누구인가? — 246

● 에필로그를 대신하며
나는 왜 차라투스트라를 만나게 되었나? — 252

1장

차라투스트라의 여정

1. 차라투스트라의 여정 하나,

　차라투스트라는 서른 살이 되자 고향과 고향의 호수를 떠나 산으로 들어간다. 그곳에서 십 년의 세월을 보내면서 고독을 즐긴다. 하지만 어느 날 아침 그는 태양을 향해 걸어가 외친다.
　"그대 위대한 별이여! 그대가 빛을 비출 존재가 없다면, 그대는 진정 행복하겠는가? 십 년 동안 그대는 나의 동굴에 떠올랐다. 하지만 나와 나의 독수리, 나의 뱀이 없었다면 그대는 그대의 빛과 빛의 길에 싫증이 났을 것이다. 그럼에도 우리는 아침마다 그대를 기다렸고, 그대의 빛에 충만함을 얻고 그대를 축복했노라. 보라! 나는 너무 많은 꿀을 모은 별처럼 나의 지혜에 지쳐 있다.

그래서 이제는 나를 향해 내미는 손들이 있었으면 한다. 나는 베풀고 나누어주고자 한다. 인간들 사이에서 현자賢者가 다시 그들의 어리석음을 기뻐하고, 가난한 자들이 다시 그들의 넉넉함에 기뻐할 때까지 말이다. 그러기 위해서 나는 저 심연의 그곳으로 내려가려 한다. 저녁이면 바다 저편의 깊은 곳까지 비추는 그대처럼, 그대 넘쳐흐르는 별이여! 나는 그대와 같이 몰락해야 한다. 저 아래에서 만날 사람들이 말하듯이. 그러니 나를 축복해다오.

그대 고요한 눈이여! 크나큰 행복조차 질투하지 않고 바라볼 수 있는 그대여! 넘치는 이 잔을 축복해다오! 황금빛 물이 흘러 온세상에 환희로 다시 비춰줄 이 잔을!

보라! 이 잔은 다시 비워지길 바란다. 나 차라투스트라는 비로소 다시 인간이 되고자 한다."

그렇게 차라투스트라는 몰락하기 시작했다.

2. 차라투스트라의 여정 둘,

    차라투스트라는 혼자 산을 내려가면서 아무도 마주치지 않았다. 그러다 숲속에서 한 노인이 갑자기 그의 앞에 나타났다. 풀뿌리를 캐려고 자신의 신성한 오두막을 떠난 노인은 차라투스트라에게 이렇게 말했다.

    "이 방랑자는 낯설지가 않군. 몇 년 전에 이곳을 지나갔지. 이름이 차라투스트라라고 했던가. 이제 그도 많이 변했군. 그때 그대는 타고 남은 재를 들고 산으로 갔지. 그런데 오늘은 불덩이를 들고 골짜기를 내려가는 건가? 그대는 방화범에 대한 처벌이 무섭지도 않은가? 그래, 차라투스트라가 맞군. 눈은 맑아지고 입가의 역겨

움은 사라졌네. 마치 춤추는 자처럼 걸어가고 있지 않는가. 그때의 차라투스트라가 이젠 변했군. 마치 아이가 되어버렸어. 각성한 자가 되어버렸어. 그런데 이제 잠든 사람들에게 다가가 무엇을 하려고 하는 건가? 그대는 마치 바다 속에 있듯 고독 속에서 살았지. 그 바다는 그대를 품었고. 아아. 그대는 다시 땅 위에 오르려 하는가? 그대는 다시 자신의 몸을 질질 끌고 다니려고 하는가?"

차라투스트라가 대답했다.

"나는 인간들을 사랑하기 때문입니다."

성자가 말했다.

"내가 무엇 때문에 숲과 황야를 헤매고 다녔던가? 나 또한 인간을 사랑했기 때문이지! 하지만 이제 나는 신을 사랑하네. 인간을 사랑하지 않지. 인간은 너무나 불완전한 존재지. 결국 인간에 대한 사랑이 나를 죽이고 말거야!

차라투스트라가 말했다.

"내가 사랑에 대해 무슨 말을 하겠습니까? 다만 나는 인간들에게 선물을 주려고 합니다."

성자가 말했다.

"인간들에게는 아무것도 주지 말게. 차라리 그들에게서 얼마간을 빼앗아 그들과 나누어 가지시게. 그것이 오히려 인간들에게 도움이 될 거야. 그대가 좋다고 생각한다면 말이야! 그래도 주고 싶다면 자선을 베풀게. 하지만 그들이 애걸하도록 만들게."

차라투스트라가 말했다.

"아니요. 자선을 베풀고 싶지는 않습니다. 나는 그렇게 할 만큼 가난하지 않습니다."

성자를 차라투스트라의 말을 비웃으면서 말했다.

"그들이 그대의 선물을 받아들일지 시험해보게나. 그들은 은둔자를 불신하며 우리가 선물을 주려고 왔다는 것을 믿지 않지. 거리를 지나는 우리의 발자국 소리가 그들에겐 너무나 쓸쓸하게 들릴 뿐이지. 동이 트려면 아직도 먼 한밤중 잠자리에서 누군가 지나가는 소리를 들으면서 '도둑이 어디로 가려는 걸까?'라고 중얼거릴지도 몰라. 그러니 인간들에게 가지 말고 그냥 숲속에 머물러 있게. 아니, 차라리 짐승들에게나 가게. 그대는 왜 나처럼 곰들 가운데 한 마리의 곰, 새들 가운데 한 마리의 새가 되려고 하지 않는 겐가?"

차라투스트라가 되물었다.

"성자여. 그대는 숲에서 무엇을 하고 있나요?"

성자가 대답했다.

"나는 노래를 짓고 그 노래를 부른다네. 그리고 또 노래를 짓고 웃고 울고 흥얼거리면서 신을 찬양한다네! 노래하고 울고 웃고 흥얼거리면서 나는 신을, 나의 신을 찬양하지. 그런데 그대는 우리에게 어떤 선물을 가져왔나?"

이 말을 들은 차라투스트라는 성자에게 작별인사를 하면서 말했다.

"성자여. 그대에게 내가 드릴 것이 뭐가 있겠습니까! 당신에게 아무것도 빼앗지 않기만을 바랍니다. 그러니 어서 나를 보내주세요."

그렇게 노인과 사내는 웃으면서 헤어졌다. 마치 웃고 있는 두 소년처럼.

하지만 혼자가 된 차라투스트라는 마음속으로 말했다.

'어떻게 이럴 수 있단 말이냐? 저 늙은 성자는 숲속에서 살아서 '신이 죽었다'는 소식을 듣지 못했구나!'

3. 차라투스트라의 여정 셋,

차라투스트라가 숲에서 가장 가까운 마을로 들어섰을 때, 그는 시장에 사람들이 모여 있는 것을 봤다. 줄타기 공연이 있을 예정이었다. 차라투스트라는 사람들을 향해 이렇게 외쳤다.

"그대들에게 초인을 가르치려 하노라. 인간은 극복되어야 할 그 무엇이다. 그대들은 자신을 극복하기 위해서 무엇을 했는가? 지금까지 모든 존재는 자신을 넘어서 무언가를 창조해왔다. 하지만 그대들은 이 거대한 밀물 속에서 썰물이 되기를 원하면서 자신을 극복하기보다 짐승으로 되돌아가려고 하는가? 인간에게 원숭이는 무엇인가? 웃음거리 아니면 견디기 힘든 수치나 다름없다.

초인에게 인간은 꼭 그와 같은 존재다. 다시 말해 웃음거리 아니면 견디기 힘든 수치이다. 그대들은 벌레에서 인간에 이르는 길을 걸어왔다. 그런데도 여전히 벌레다. 일찍이 그대들은 원숭이였으며 지금도 여전히 그 어떤 원숭이보다 더 원숭이다. 그대들 가운데 가장 현명한 자도 식물과 유령의 혼합물에 지나지 않는다. 그럼에도 내가 그대들에게 유령이나 식물이 되라고 명령하란 말인가? 보라! 나는 그들에게 초인이 누구인지를 가르친다. 초인은 대지의 의미이다. 그대들의 의지로 말하게 하라. 초인이 대지의 의미가 되어야 한다고 말이다.

형제들이여. 간곡하게 말하노니, 대지에 충실하라! 그리고 하늘나라에 대한 희망을 말하는 자들을 믿지 마라! 그들은 스스로 알든 모르든 독을 퍼뜨리는 자들이다. 그들은 삶을 경멸하면서 말라죽어가고 스스로를 중독된 자들이다. 대지는 그들에게 지쳤다. 그러니 그들이야 죽든 말든 내버려두라. 일찍이 신에 대한 불경이 최고의 불경이었다. 그러나 이제 신은 죽었다. 그와 함께 신을 불경한 자들도 죽었다. 지금 가장 무서운 건 이 대지를 모독하는 일이며, 설명할 수 없는 뱃속의 대지의 의미보다 더 존중하는 일이다.

일찍이 영혼은 몸을 경멸하는 눈으로 바라보았다. 그때만 해도 그것이 최고의 경멸이었다. 영혼은 몸이 마르고 추해지고 굶주리기를 바란다. 그렇게 영혼은 몸과 대지에서 달아나고자 애쓴다. 그러나 영혼 자신도 마르고 추해지고 굶주렸다. 잔혹함. 그것이야 말로 영혼이 즐기는 쾌락이다. 형제들이여. 나에게 말해다오. 그대들의 몸은 그대들의 영혼에 대해 무엇을 알려주는가? 그대들의 영혼은 빈곤함과 더러움과 가련한 안일함이 아닌가? 그렇다. 인간은 더러운 강물이다. 따라서 우리는 먼저 바다가 되어야 한다. 더러워지지 않으면서도 더러운 강물을 받아들여야 한다면 말이다.

보라! 나는 그들에게 초인에 대해 가르친다. 초인은 바다이다. 그대들의 커다란 경멸은 그 바닷속으로 가라앉을 수 있다. 그대들이 경험할 수 있는 최대의 것은 무엇인가? 그것은 위대한 경멸의 순간이다. 그대들의 행복, 그리고 그대들의 이성과 덕이 역겨워지는 그 순간이다. 그 순간 그대들은 말한다. '나에게 행복이란 무엇인가? 그것은 빈곤함과 더러움, 그리고 가련한 안일함이 아니던가. 하지만 나의 행복은 생존 그 자체를 받아들여야 하는 것이니.'

그 순간 그대들은 말한다. '나에게 이성이란 무엇인가? 이성은 사자가 먹이를 탐하듯 지식을 탐하는 것이

나 다름없다. 결국 이성은 빈곤함과 더러움, 그리고 가련한 안일함일 뿐이다.'

그 순간 그대들은 말한다. '나에게 덕이란 무엇인가? 지금까지 덕은 나를 열광케 한 적이 없었다. 나는 나의 선과 악 사이에서 얼마나 시달렸던가! 그 모든 것은 빈곤함과 더러움, 그리고 가련한 안일함이 아니던가.'

그 순간 그대들은 말한다. '나에게 정의란 무엇인가? 나는 내가 불꽃도 그렇다고 숯도 아니라는 것을 잘 안다. 하지만 정의로운 자는 불꽃이며 숯이다.'

그 순간 그대들은 말한다. '나에게 동정심이란 무엇인가? 인간을 사랑한 자를 못 박은 십자가가 아니던가. 하지만 나의 동정심은 결코 십자가에 못 박는 것은 아니다.'

그대들은 이미 말했던가? 그렇게 외쳤던가? 그 소리를 내가 들었더라면! 그대들의 죄가 아니라, 그대들의 만족감이 하늘을 향해 외친 것이리라. 죄의 한 가운데 있는 그대들의 탐욕이 하늘을 향해 외친 것이리라! 그대들을 혀로 핥아줄 번갯불은 어디 있는가? 그대들에게 접종되어야 할 광기는 어디 있는가? 보라! 나는 그들에게 초인에 대해 가르친다. 그가 바로 번갯물이며 광기이다!"

차라투스트라가 이렇게 말했을 때, 사람들 속에서

한 사람이 외쳤다. "우리는 줄타기 광대에 대해 질릴 만큼 들었다. 하지만 이제 그를 보여 달라!" 그러자 모든 사람들이 차라투스트라를 비웃었다. 그러나 줄타기 광대는 자신을 두고 한 말이라고 생각하고 줄타기를 시작했다.

4.
차라투스트라의
여정 넷,

　　차라투스트라는 사람들을 바라보면서 의의하게 생각했다. 그리고 말했다.

　"인간은 짐승과 초인 사이에 놓인 밧줄이다. 심연 위에 걸쳐진 밧줄이다. 저쪽으로 건너가는 것도 위험하고 줄 가운데 있는 것도 위험하고, 뒤돌아보는 것도 위험하고, 벌벌 떨고 있는 것도, 그냥 멈춰 서 있는 것도 위험하다. 인간의 위대함은 그가 다리일 뿐 목적이 아니라는 데 있다. 인간을 사랑할 수 있는 것은 그가 건너가는 존재이며 몰락하는 존재라는 데 있다.

　나는 사랑한다. 몰락하는 자로서가 아니라면 그 밖의 삶을 모르는 자들을. 왜냐하면 그들은 건너가는 자이기 때문이다.

　나는 사랑한다. 마음껏 경멸하는 자들을. 왜냐하면 그들은 마음껏 숭배하는 자들이며, 저 건너편 해안을 향해 날아가는 동경의 화살이기 때문이다.

　나는 사랑한다. 몰락과 희생의 이유를 별들의 너머에서 구하지 않고, 언젠가는 대지가 초인의 것이 되도록 대지를 위해 희생하는 자들을.

　나는 사랑한다. 인식하기 위해서 살고, 언젠가는 초인으로서 살아가기 위해서 인식하려는 자들을. 이런 자들은 몰락하려고 한다.

　나는 사랑한다. 초인에게 집을 지어주고, 초인에게 대지와 짐승과 초목을 마련해주려고 일을 하고 발명하는 자들을. 왜냐하면 그들은 자신의 몰락을 원하기 때문이다.

　나는 사랑한다. 자신의 덕을 사랑하는 자들을. 왜냐하면 덕은 몰락하려는 의지이며 동경의 화살이기 때문이다.

　나는 사랑한다. 자신을 위해서 한 방울의 정신도 남겨놓지 않고, 전적으로 자신의 덕의 정신이 되고자 하는 자들을. 왜냐하면 그런 자들은 정신으로 다리를 건너려고 하기 때문이다.

나는 사랑한다. 자신의 덕에서 운명을 만들려고 하는 자들을. 왜냐하면 그런 자들은 덕을 위해 살려고 하고 또 죽으려고 하기 때문이다.

나는 사랑한다. 너무 많은 덕을 가지려고 하지 않는 자들을. 하나의 덕은 두 개 이상의 덕이다. 왜냐하면 덕은 운명을 묶어주는 매듭이기 때문이다.

나는 사랑한다. 자신의 영혼을 낭비하는 자들을. 감사의 말을 들으려고 하지 않는 자들을. 왜냐하면 그들은 언제가 주기만 할 뿐 자신을 지키려고 하지 않기 때문이다.

나는 사랑한다. 주사위를 던져 얻은 행운을 수치로 여기고 '나는 사기꾼이 아닌가?'라고 묻는 자들을. 왜냐하면 그들은 자신을 파멸하려고 하기 때문이다.

나는 사랑한다. 행동에 앞서 황금 같은 말을 던지고 언제나 약속한 것 이상으로 행하는 자들을. 왜냐하면 그들은 자신의 몰락을 원하고 있기 때문이다.

나는 사랑한다. 미래의 사람들을 옹호하고 인정하고 지난날의 사람들을 구원하는 자들을. 왜냐하면 그는 현재의 사람들과 논쟁하면서 파멸하려고 하기 때문이다.

나는 사랑한다. 자신의 신을 사랑하기 때문에 자신

의 신을 징벌하는 자들을. 왜냐하면 그런 자들은 신의 분노로 파멸해야 하기 때문이다.

나는 사랑한다. 상처를 입어도 그 영혼의 깊이를 잃지 않고 체험만으로도 파멸하는 자들을. 왜냐하면 그들은 흔쾌히 다리를 건너기 때문이다.

나는 사랑한다. 자기 자신을 잊은 채 만물을 자신 안에 간직할 정도로 영혼이 흘러넘치는 자들을. 왜냐하면 만물은 그의 몰락을 만들기 때문이다.

나는 사랑한다. 자유로운 정신과 자유로운 심장을 가진 자들을. 그런 자들의 머리는 심장에 있는 내장일 뿐이다. 그러나 그의 심장은 그를 몰락하게 만든다.

나는 사랑한다. 인간의 머리 위에 걸쳐 있는 검은 구름에서 떨어지는 무거운 빗방울 같은 자들을. 왜냐하면 그런 자들은 번개가 칠 것을 알려주는 예고자로서 파멸하기 때문이다.

보라. 나는 번개의 예고자다. 구름에서 떨어지는 무거운 빗방울이다. 이 번개가 바로 초인이다."

5.
차라투스트라의
여정 다섯,

 이 말을 마친 차라투스트라는 다시 사람들을 바라보며 마음속으로 생각했다.

 '저들은 서서 그저 웃기만 하는구나. 나의 말을 이해하지도 못하는구나. 나의 입은 그들의 귀에 맞지 않는구나. 우선 그들의 귀를 치워버리고 눈으로 듣도록 해야 하나? 큰북이나 참회의 설교자처럼 요란을 떨며 말을 해야 하나? 아니면 그들은 더듬거리며 말하는 자만을 믿는 것은 아닐까? 그들은 자랑스러워하는 무언가를 갖고 있다. 그들은 자신들이 자랑스러워하는 것을 무엇이라고 부르는 걸까? 그들은 그것을 교양이라고 부른다.

이 교양은 그들을 염소치기보다 뛰어나게 만든다. 그래서 그들은 경멸이라는 말을 듣기 싫어한다. 이제 나는 그들의 자부심에 대해 말하고자 한다. 나는 그들에게 경멸스러운 것에 대해 말하고자 한다. 그것은 바로 말종末種 인간이다.'

차라투스트라는 사람들에게 말했다.

"이제 인간은 자신의 목표를 세워야 할 때다. 이제는 더 높은 희망의 싹을 심을 때다. 인간의 대지는 아직 싹을 심기에 충분히 비옥하다. 하지만 이 대지도 언젠가는 메마르고 황폐해질 것이다. 더 이상 나무가 자라지 못할지도 모른다. 슬프구나! 인간이 동경의 화살을 더 이상 자신의 너머로 쏘지 못하고, 윙윙거리며 활시위를 올릴 줄도 모르는 그런 때가 머지않았도다. 나는 그대들에게 말한다. 춤추는 별을 낳으려면 인간은 자신 속에 혼돈을 가지고 있어야 한다.

슬프구나! 인간이 더 이상 별을 낳지 못하는 때가 오겠구나! 슬프구나! 자기 자신을 더 이상 경멸할 줄 모르는, 더 없이 경멸할 줄 모르는 인간의 시대가 오고 있구나! 보라! 그대들에게 말종 인간을 보여주려 한다. '사랑은 무엇인가? 창조는 무엇인가? 동경은 무엇인가? 별은 무엇인가?'라고 말종 인간은 이렇게 물으면서 눈을 깜박인다.

그러자 대지는 작아지고 그 대지 위에서 만물은 작아지게 만드는 말종 인간들이 깡충거리며 뛰어다닌다. 이 종족은 벼룩과 같아서 근절되지 않는다. 말종 인간이 가장 오래 산다. 말종 인간들은 '우리는 행복을 찾았다' 라고 말하면서 눈을 깜박인다. 그들은 살기 힘든 지역을 떠났다. 따스함이 필요해서였다. 여전히 그들은 이웃을 사랑하며 이웃과 몸을 비비고 살고 있다. 따스함이 필요하기 때문이다.

그들은 병에 걸리거나 의심하는 것들을 죄로 여긴다. 그들은 조심조심 걸어 다닌다. 돌이나 인간에게 부딪쳐 비틀거리는 자들은 바보다! 가끔 조심씩 독을 마시면서 안락한 꿈을 꾼다. 끝내는 많은 독을 마시고 즐거운 죽음을 맞이한다. 그들은 여전히 일을 한다. 일은 일종의 소일거리이기 때문이다. 하지만 그들은 소일거리로 몸이 상하지 않도록 조심한다. 그들은 가난해지지도 부유해지지도 못한다. 둘 다 너무 성가시기 때문이다. 아직도 다스리려고 하는 자가 있는가? 아직도 복종하려고 하는 자가 있는가? 이것도 둘 다 성가신 일이다.

양치기는 없고 가축 떼만 있을 뿐이다! 모두가 평등하기를 원하고 모두가 평등하다. 자기가 다르다고 느끼는 자들은 제 발로 정신병원으로 들어간다. 가장 세련된 자들은 '옛날에는 온세상이 미쳤었다.'라고 말을 하면서 눈을 깜박인다. 사람들은 영리하며, 이 세상에서 일어나는 모든 일을 알고 있다. 그래서 그들의 조소는 끝이 없다. 그들은 여전히 다투면서도 또 화해를 한다. 그러지 않으면 위가 상하기 때문이다. 그들은 낮에도 밤에도 조촐한 쾌락을 즐긴다. 그러면서 건강을 소중하게 생각한다. 말종 인간들은 '우리는 행복을 찾았다.'라고 말하면서 눈을 깜박인다."

여기서 차라투스트라의 첫 번째 연설이 끝났다. 여기서 사람들의 고함과 환호성이 그의 연설을 중단시켰다. 그들은 외쳤다.

"아, 차라투스트라여! 우리에게 그 말종 인간을 주시오. 우리를 그 말종 인간으로 만들어주시오! 그러면 그대에게 초인을 선사하겠노라!"

그러면서 모든 사람들은 환호성을 지르고 혀를 찼다. 하지만 마음이 슬퍼진 차라투스트라는 생각했다.

'저들은 나를 이해하지 못한다. 나는 그들의 귀에 맞는 입이 아니다. 나는 너무 오랫동안 산 속에서 살면서 시냇물과 나무들이 내는 소리를 너무 많이 들었나보다. 마치 염소치기에게 말하듯 그들에게 말하고 있지 않는가. 나의 영혼은 흔들림이 없고 오전의 산처럼 밝다. 하지만 그들은 나를 차가운 사람이며 끔찍한 농담이나 하는 냉소한 자로 생각한다. 이제 그들은 나를 바라보면서

웃는다. 그들은 웃으면서 나를 증오하기까지 한다. 그들의 웃음에는 얼음이 들어 있다.'

6.
차라투스트라의
여정 여섯,

바로 그때 모든 사람들의 말문을 막히게 하고 모든 사람들의 눈을 휘둥그렇게 만든 일이 일어났다. 그동안 줄타기 광대가 재주를 부리기기 시작한 것이다. 그는 작은 문에서 걸어 나와 두 개의 탑 사이에 걸쳐서 시장과 사람들 머리 위에 걸친 밧줄 위를 걸어갔다. 광대가 밧줄 한 가운데에 이르렀을 때, 다시 작은 문이 열리고 어릿광대처럼 알록달록한 옷을 입은 남자가 뛰어나와서 빠른 걸음으로 첫 번째 남자를 따라갔다.

그러면서 "빨리 가! 이 절름발이야!"라고 외쳤다. "이 느림보, 밀매업자, 창백한 녀석아! 빨리 가지 않으면 내

발꿈치를 들어 간질일 테다. 대체 탑 사이에서 뭐하는 거야? 차라리 탑 속에 갇히는 게 낫겠어. 너를 탑 속에 가두었어야 했는데 말야. 넌 너보다 뛰어난 사람의 앞길을 가로막고 있단 말이야!"라고 말하면서, 그는 줄타기 광대에게 가까이 다가갔다.

마침내 그가 한 발짝 뒤에 바싹 다가섰을 때, 모든 사람들의 말문을 막히게 하고 모든 사람들의 눈을 휘둥그렇게 한 끔찍한 일이 일어났다. 그는 악마처럼 고함을 지르면서 자기 앞을 가로막고 있는 광대를 훌쩍 뛰어넘어 버렸다. 줄타기 광대는 이 경쟁자가 승리한 것을 보자마자, 냉정함을 잃고 그만 밧줄을 헛디뎌 버렸다. 그는 장대를 놓쳤고 팔과 다리를 허우적거리며 아래로 그만 떨어지고 말았다. 시장과 사람들은 폭풍우가 몰아치는 바다와 같았다. 모두 흩어지면서 서로를 짓밟았다. 줄타기 광대가 떨어진 곳은 아수라장이었다.

하지만 차라투스트라는 그 자리에서 움직이지 않았다. 그의 옆에 떨어진 줄타기 광대의 몸이 심하게 상처를 입고 부러졌지만, 목숨은 아직 붙어 있었다. 잠시 후 의식을 회복한 광대는 자기 옆에 꿇어앉아 있는 차라투스트라를 보았다. 마침내 광대가 말했다.

"거기서 뭘 하고 있는 게요? 나는 오래 전부터 악마가 내 발을 걸어 넘어지게 하리라는 것을 알고 있었소.

이제 악마가 나를 지옥으로 끌고 가려고 하니, 그대가 막아주지 않겠소?"

차라투스트라가 대답했다.

"친구여, 내 명예를 걸고 말하건대 그대가 말하는 것 따위는 이 세상 어디에도 존재하지 않네. 악마도 지옥도 없네. 그대의 영혼은 그대의 몸보다도 빨리 죽을 것이 니. 이제 아무것도 두려워하지 말게나."

광대는 믿지 못하겠다는 듯이 올려다보며 말했다. "그대의 말이 진실이라면, 내가 목숨을 잃는다고 하더라도 아무것도 잃을 것이 없다는 말이 되오. 그렇다면 나는 사람들이 매질과 하찮은 음식으로 춤을 가르친 짐승이나 뭐가 다르겠소."

차라투스트라가 말했다.

"그렇지 않네. 그대는 위험한 일을 천직으로 삼았으니, 조금도 부끄러워 할 일이 아니네. 이제 그대는 그 천직 때문에 파멸을 맞은 것이네. 그러니 내 손으로 그대를 묻어주겠네."

차라투스트라가 이렇게 말했을 때, 죽어가는 광대는 더 이상 대답하지 않았다. 하지만 그는 감사를 표시하려고 차라투스트라의 손을 잡으려는 듯이 자신의 손을 움직였다.

차라투스트라의 여정 일곱,

어느덧 저녁이 되었다. 시장은 어둠에 휩싸였다. 사람들도 흩어졌다. 호기심과 공포마저도 시들해졌다. 하지만 차라투스트라는 죽은 광대 옆 앉아서 깊은 생각에 빠졌다. 그는 시간조차 잊고 있었다. 마침내 밤이 되자 찬바람이 이 고독한 자의 곁을 스쳐갔다. 그때 차라투스트라는 몸을 일으키며 마음속으로 말했다.

'오늘 차라투스트라는 정말 멋진 고기잡이를 했구나. 사람이 아니라 시체를 낚았으니 말야. 인간 존재란 알 길이 없는 것이고 아무런 의미도 없다. 어릿광대 한 명이 인간의 운명을 좌우할 수 있으니 말야. 나는 인간들에게 그들의 존재 의미를 가르치려고 한다. 존재의 의미는 초인이며, 인간이라는 검은 구름을 번쩍이는 번개가 아니던가. 하지만 나는 아직도 그들에게서 멀리 떨어져 있으며, 나의 생각은 그들의 그것과 통하지 않는다. 사람들에게 나는 아직도 바보와 시체 사이에 있는 자로 보인다. 밤은 어둡고 차라투스트라의 길도 어둡다. 가자! 그대 차갑게 굳은 길동무여! 내 손으로 그대를 묻어 줄 곳까지 그대를 짊어지고 가겠노라.'

차라투스트라의 여정 여덟,

　차라투스트라는 마음속으로 이렇게 말하고, 시체를 어깨에 메고 길을 나섰다. 하지만 백 걸음도 채 가기도 전에 어떤 사내가 슬그머니 다가와서 그의 귀에다 속삭였다. 그런데 보라! 그에게 속삭인 자가 바로 탑에서 나온 어릿광대였다.

　그가 말했다.

　"오. 차라투스트라여. 이곳을 떠나시오. 이곳의 많은 사람들은 그대를 미워하오. 착하고 외로운 사람들도 그대를 증오하오. 그대를 적이요, 경멸하는 자라고 부르고 있소. 올바른 믿음을 가진 자들조차도 그대를 미워하오.

그대를 위험한 인물이라고 말하고 있소. 사람들이 그대를 비웃기만 한 것은 천만다행이라고 생각하시오. 정말이지. 그대는 어릿광대처럼 말을 했소. 그대가 저 죽은 개와 함께한 것도 천만다행이오. 그대가 어릿광대처럼 몸을 낮추었기에 오늘 목숨을 구한 것이오. 하지만 이곳을 어서 떠나시오. 그러지 않으면 내일은 내가 그대를 뛰어넘을 것이오. 산 자가 죽은 자를 뛰어넘을 듯이 말이오."

어릿광대는 이렇게 말하고 사라졌다. 그러나 차라투스트라는 어두운 거리를 계속해서 걸어갔다.

도시의 성문 입구에서 차라투스트라는 무덤을 파는 자들과 마주쳤다. 그들은 횃불로 그의 얼굴을 비추고는 차라투스트라임을 확인하자 조롱하기 시작했다.

"차라투스트라가 죽은 개를 짊어지고 가는구나. 차라투스트라가 무덤 파는 인부가 되었다니. 참 잘 된 일이군! 우리 손은 이 구운 고깃덩어리를 만지기에는 너무나 깨끗하지. 차라투스트라는 악마에게서 한 입의 고기를 훔치려는 건가? 자. 그럼 맛나게 먹게나. 악마가 차라투스트라보다 더 교활한 도둑은 아니어야 할 텐데 말야. 악마가 당신과 이 개 둘 다 훔쳐서 먹어 치운다면 어떻게 되겠나!"

그러면서 그들은 머리를 맞댄 채 비웃으면서 수근댔

다.

　차라투스트라는 아무런 대꾸도 하지 않은 채 자신의 길을 걸어갔다. 숲과 늪을 지나 두어 시간쯤 걸었을 때, 그는 굶주린 늑대들의 울부짖는 소리를 들었으며, 자신도 배고픔을 느꼈다. 그래서 그는 불빛이 새어나오는 어느 외딴 집 앞에 멈춰섰다.

　차라투스트라가 말했다.

　"배고픔이 강도처럼 나를 엄습하는구나. 숲과 늪에서 배고픔이 나를 덮치는구나. 그것도 깊은 한밤중에. 나의 배고픔은 변덕스럽기도 하지. 이따금 식사 후에 찾아오지. 오늘은 하루 종일 배가 고프지 않았는데, 도대체 그 배고픔은 어디에 있었던 걸까?"

　이렇게 말하면서 차라투스트라는 그 집의 문을 두드렸다. 그러자 한 노인이 등불을 들고 나와서 물었다.

　"누구이기에 이렇게 한밤중에 찾아와서 겨우 잠든 나를 깨우는가?"

　차라투스트라가 말했다.

　"산 사람 하나와 죽은 사람 하나요. 먹고 마실 것 좀 주시오. 하루 종일 먹고 마시는 것을 잊었습니다. 굶주린 사람을 먹이는 사람은 자신의 영혼에 생기를 불어넣는 자라고 현자들이 말하지 않았습니까!"

　노인은 집 안으로 들어가서 금방 돌아서 나오더니

차라투스트라에게 빵과 포도주를 건넸다. 그러면서 노인이 말했다.

"이 부근은 굶주린 사람들에게는 좋지 않은 곳이라네. 그래서 나는 여기에 살고 있지. 짐승과 사람들이 나를, 이 은둔자를 찾아오는 거지. 그런데 그대의 길동무에게도 뭘 좀 먹고 마시라고 하게나. 그대보다 더 지친 것 같군."

이에 차라투스트라가 대답했다.

"나의 길동무는 죽었습니다. 그러니 먹고 마시라고 말하기는 힘든 일입니다."

그러나 노인은 퉁명스럽게 말을 받았다.

"그건 나와 아무 상관없네. 내 집 문을 두드린 사람은 내가 주는 것을 받아야 하지. 같이 먹고 잘들 가시게나!"

차라투스트라는 길과 별빛을 의지하며 다시 두어 시간을 걸었다. 그는 이제 밤길에 익숙해졌고 잠든 모든 것들의 얼굴을 보는 것이 좋았다. 그러나 새벽이 밝아왔을 무렵, 차라투스트라는 깊은 숲속에 있었으며 더 이상 길이 보이지 않았다. 그래서 그는 죽은 사람을 속이 텅 빈 나무 속에 내려놓고 자기 머리를 그쪽으로 두었다. 늑대들에게서 죽은 자를 보호하려고 했다. 그는 이끼가 가득 낀 땅바닥에 누웠고 곧 잠이 들었다. 몸은 지쳤으나 영혼은 평온했다.

차라투스트라의 여정 아홉,

    차라투스트라는 오랫동안 잠을 잤다. 아침놀뿐만 아니라 오전 한나절의 햇살도 그의 얼굴을 지나갔다. 마침내 그는 눈을 떴다. 차라투스트라는 놀란 눈으로 숲과 고요를 바라다봤으며, 자신의 내면을 들여다보았다. 그러고 나서 갑자기 육지를 발견한 선원처럼 벌떡 일어나 환성을 질렀다. 새로운 진리를 깨달았기 때문이다. 그는 마음속으로 말했다.

   '나에게 한 줄기 빛이 떠올랐다. 나에게 길동무가 필요하다. 내가 원하는 곳으로 같이 갈 길동무 말이다. 지금 내가 짊어지고 가는 죽은 길동무나 시체가 아니라 나를 따라올 살아 있는 길동무 말이다. 그는 내가 가려고 하는 곳으로 따라오고자 하는 그런 길동무다. 내게 한 줄기 빛이 떠올랐다. 차라투스트라는 이제 군중이 아니라 길동무들에게 말하려 한다.

차라투스트라는 가축을 돌보는 양치기나 개가 되어서는 안 된다. 가축 무리에서 많은 가축을 떼어내기 위해서 내가 왔다. 군중과 가축 무리는 내게 화를 낼 것이다. 차라투스트라는 양치기에게서 강도라고 불리기를 바란다. 나는 그들을 양치기라고 부르지만, 그들은 자신을 착하고 의로운 자라고 부른다. 나는 그들을 양치기라고 부르지만, 그들은 자신을 올바른 믿음을 가진 자들이라고 부른다. 선하고 의로운 자들이여! 그들은 누구를 가장 미워하는가? 그들이 존중하는 가치를 적어놓은 서판을 부수는 자, 파괴자와 범죄자들을 가장 미워한다. 하지만 그가 바로 창조하는 자이다.

보라! 저 온갖 믿음의 신자들을. 그들은 누구를 가장 미워하는가? 그들이 존중하는 가치를 적어놓은 서판을 부수는 자, 파괴자와 범죄자를 가장 미워한다. 사실은 그가 바로 창조하는 자이다. 창조하는 자가 찾는 것은 길동무이지 시체나 가축 무리나 신자가 아니다. 창조하는 자는 새로운 가치를 새로운 서판에 써넣을 함께 창조할 자를 찾는다.

창조하는 자는 길동무를, 함께 수확할 자들을 찾는다. 창조하는 자 앞에서 만물은 익어서 수확을 기다리고 있다. 하지만 그에게 백 개의 낫이 없으므로 손으로 이삭을 뜯으며 화를 낸다. 창조하는 자는 길동무를, 자신의 낫을 갈 줄 아는 자들을 찾는다. 그들은 파괴자요, 선과 악을 경멸하는 자들이다. 하지만 그들은 수확하고 축제를 벌이는 자들이다.

차라투스트라는 함께 창조하고 함께 수확하며 함께 축제를 벌일 자들을 찾는다. 하지만 그가 가축 무리와 양치기, 그리고 시체와 무엇을 창조할 수 있단 말인가. 그리고 그대, 나의 첫 길동무여. 잘 지내게나! 나는 그대를 텅 빈 나무 속에 잘 묻어두었고, 그대를 늑대에게서 잘 숨겨놓았노라. 이제 그대와 이별할 시간이 되었도다. 아침놀과 아침놀 사이에 나에게 새로운 진리가 찾아왔노라.

나는 양치기가 되어서도 무덤 파는 사람이 되어서도 안 된다. 다시는 군중과 말하지 않으리라. 죽은 자와 말하는 것도 이번이 마지막이다. 나는 창조하는 자, 수확하는 자, 축제를 벌이는 자와 함께하리라. 그들에게 무지개를, 초인에 이르는 계단을 보여주리라. 혼자 있는 은둔자와 둘이서 지내는 은둔자에게 나의 노래를 들려주리라. 그리고 이제껏 들어본 적 없는 것을 들을 귀를 가진 자의 마음에 나의 행복을 가득 채워주리라. 나는 나의 목표를 향해 나의 길을 가련다. 머뭇거리는 자와 게으른 자는 뛰어넘으리라. 그리하여 나의 길이 그들에게는 몰락의 길이 되리라.

차라투스트라의 여정 열,

　차라투스트라가 마음속으로 이렇게 말했을 때, 정오의 태양이 그의 머리 위에서 빛나고 있었다. 그때 그는 이상한 느낌에 하늘을 올려다보았다. 머리 위에는 날카로운 새소리가 들렸기 때문이었다. 그런데 보라! 독수리 한 마리가 커다란 원을 그리면서 하늘을 날고 있고, 뱀 한 마리가 독수리의 목을 감고 매달려 있었다. 마치 그 뱀이 독수리의 먹이가 아니라 여자 친구처럼 보였다.

　차라투스트라가 "내 짐승들이다!"라고 말하면서 진실로 기뻐했다.

　"태양 아래서 가장 자부심 강한 짐승과 태양 아래서

가장 영리한 짐승. 그들이 무언가 살펴보려고 나온 것이다. 차라투스트라가 아직도 살아 있는지 알아보기 위한 것이리라. 정말 나는 아직도 살아 있는가? 나는 사람들 사이에 있는 것이 짐승들 사이에 있는 것보다 위험하다는 것을 깨달았다. 차라투스트라의 앞길은 험난하다. 나의 짐승들이여, 나를 이끌어다오!"

차라투스트라는 이렇게 말하며 숲속의 성자가 한 말을 떠올렸다. 그러고는 한숨을 내쉬며 마음속으로 말했다.

'나는 영리해지고 싶다! 나의 뱀처럼 철저히 영리해지고 싶다! 하지만 나는 불가능한 것을 바라고 있지 않는가. 나는 나의 자부심이 언제나 영리함과 함께하기를 바란다. 그런데 언젠가 나의 영리함이 나를 저버린다면, 아 나의 영리함은 언제나 달아나려고만 한다! 그렇게 된다면, 나의 자부심도 나의 어리석음과 함께 날아가 버리기를 바랄 뿐이다.'

이렇게 차라투스트라의 몰락은 시작되었다.

2장

차라투스트라의 말 1

험난한 세상과 고독한 삶에
지혜롭게 대처하는 깨달음

차라투스트라의 말

1. 사자의 의지로 세상에 맞서라

　세상에서 가장 힘든 일은 무엇일까? 솔직히 나이가 들면서 힘든 일은 계속 변한다. 학창시절에는 공부가 가장 힘든 일이고, 청년이 되어서는 취업이 가장 힘들고, 장년이 되어서는 안정적인 일을 하는 것이고, 노년이 되어서는 아프지 않는 일이다. 붙잡아두고 싶은 세상도 내 맘대로 되지 않고 끊임없이 변한다. 내 주변의 것들이 변한 것인지, 아니면 내가 변해서 그것들도 변한 것처럼 보이는 것인지. 제대로 판단하기도 어렵다.

　차라투스트라는 이렇게 말한다.

　"나는 그대들에게 정신의 세 가지 변화에 대해 말하

고자 한다. 어떻게 정신이 낙타가 되고, 낙타는 사자가 되며, 사자는 마침내 아이가 되는가를 제대로 보아라. 내면에 외경심이 가득한 정신은 무거운 짐을 요구한다."

그렇다면 차라투스트라가 말하는 무거운 짐은 무엇일까?

자신의 오만에 고통을 주기 위해서 자신을 의도적으로 낮추는 것, 혹은 자신의 지혜를 조롱하려고 자신의 어리석음 드러내는 것, 혹은 자신의 일의 성공을 축하하면서 그것에서 물러나는 것, 유혹하는 자를 유혹하려고 높은 산으로 올라가는 것, 아니면 병석에 누워 있으면서도 병문안 오는 자들을 돌려보내는 것, 그대가 들려주려고 하는 것을 결코 듣지 않는 귀머거리와 우정을 맺는 것, 우리를 경멸하는 자들을 사랑하는 것, 신이라는 유령에게 손을 내미는 것….

무거운 짐이 어디 이것뿐이랴!

우리의 정신은 이 모든 무거운 짐을 짊어지고 삶의 광야인 사막을 달려간다. 마치 낙타처럼. 하지만 낙타는 아직 미숙한 정신에 그치고 있다. 여기서 낙타는 온갖 도덕과 권위에 복종하여 자신의 삶을 버린 의존적 인간을 의미한다.

고독하기 그지없는 사막에서 두 번째 변화가 일어난다. 여기서 낙타는 사자가 된다. 사자는 기존 도덕의 굴레를 벗어나 자유를 쟁취하기 위해서 사막의 주인이 되고자 한다. 여기서 사자는 자유로운 정신으로 변화한다. 이제 사자는 그의 마지막 주인을 찾아 나설 때가 되었다. 비로소 사자는 마지막 주인, 다시 말해 최후의 신과 대적하려고 한다. 승리를 위해서 사자는 거대한 용과 맞붙는다.

여기서 용은 '너는 해야 한다.'라는 사회가 부여한 도덕적 의무이고 사자는 '나는 하고자 한다.'라는 내면의 자유의지다. 용은 사자를 가로막는다. 그럼에도 사자는 새로운 가치를 스스로 창조해야 한다. 새로운 가치를 창조하고 사자가 이루지 못한 자유를 획득하며, 자신의 권리를 쟁취하는 것은, 인내심 많고 외경심을 가진 정신에게 주어진 가장 놀라운 소득이 된다. 이제 사자는 마지막으로 아이가 되어야 한다. 왜냐하면?

차라투스트라는 이렇게 말한다.

"아이는 순진무구함이며 망각이며, 새로운 시작이며, 놀이이며, 스스로 도는 수레바퀴이며, 최초의 움직임이며 신성한 긍정이기 때문이다. 창조라는 유희를 위해서는 아이가 갖고 있는 성스러운 긍정이 필요하다. 비로소 정신은 자신의 의지를 원하고 있다. 이럴 때 세상에 상심하고 의지를 상실한 자도 자신의 세계를 얻게 된다. 낙타에서 사자로, 사자에서 아이로 변화하면서, 정신은 의지가 되며 새로운 창조를 위한 자유가 된다."

적극적 긍정의 아이가 되기 위해서 우리는 먼저 사자의 의지로 세상에 맞서야 한다. 사자는 자유롭고 거칠 것이 없어야 한다. 마지막 목표는 하고자 하는 의지를 불태울 때야 이룰 수 있기 때문이다. 사실 이 정신의 세 단계 변화는 니체의 삶이 그대로 반영된 것이기도 하다.

어릴 때에는 목사의 아들로 부모가 물려준 신을 신앙했으며 사회가 지정해준 도덕을 숭배했다. 그땐 그는 그냥 낙타였다. 세상이 정해준 규범과 규칙, 학식이 모든 것인 줄 알았다.

하지만 신앙과 도덕에 반기를 들면서 새로운 삶을 추구한 니체는 사자가 되기 시작했다. 그렇게 니체는 궁극의 정신인 아이가 되기 위해서, 차라투스트라를 창조해냈다. 우리의 삶도 니체의 그것과 결단코 다르지 않다. 궁극의 목표를 이루기 위해서 우리는 용과도 대적할 사자의 담대한 의지를 가지고 나아가야 한다.

2. 죽음과 같은 잠을 경계하라

잠은 왜 오는 것이며, 왜 필요한가? 사실 생리학적으로 인간이 잠이 드는 과정은 그렇게 단순하지 않다고 한다. 뇌는 생체 리듬, 호르몬, 신경전달 물질 등의 영향을 받으면서, 신체의 균형을 만들기 위해서 자연스럽게 잠을 유도한다. 특히 밤에 유독 잠이 많이 오는 이유는 빛이 줄어들면 뇌의 송과선에서 멜라토닌이 분비되는데, 이 멜라토닌이 신체 온도를 낮추고 뇌에 잠 잘 시간이라는 신호를 보낸다. 그래서 빛과 잠은 상관관계가 크다.

문화사적으로 보면, 잠은 여러 상반된 의미를 갖고 있다. 먼저 휴식과 충전이다. 그리스 로마 신화에서 잠의 신 히프노스를 통해서 인간의 육신 재생과 충전을 다스리게 했다. 고대 음유시인 호메로스는 "잠은 눈꺼풀을 덮어 선한 것, 악한 것, 이 모든 것을 잊게 만든 것이다."라고 평했다. 고대 의료기관이었던 아스클레피온에서는 잠을 재워 꿈을 통해서 자연치유를 할 정도였다. 그만큼 잠은 생리학적으로나 문화사적으로나 생사와 치유의 명약 가운데 하나였다.

하지만 지나친 잠은 게으름과 방종의 결과로 부도덕적인 것으로 비쳐지기도 한다. 성경 잠언 19장 15절에 '게으름이 사람을 깊게 잠들게 하나니 태만한 사람은 주릴 것이니라.'라고 적혀 있듯이, 게으름과 잠을 신앙적 죄악으로 규정하고 있다. 결국 게으른 자는 자기 스스로를 굶기며, 굶으니 결국 죽음에 이른다는 경고다. 죽음에 이르게 하는 잠을 경계하라!

어느 날 차라투스트라는 잠에 대한 유익한 가르침을 전달하는 현자의 명성을 듣게 된다. 현자는 잠에 대한 경의와 부끄러움을 함께 이야기하면서, 잠 못 이루면서 밤에 깨어 있는 모든 자들과 멀리하라고 말한다. 잠 앞에서 늘 깨어 있을 수밖에 없는 사람이 도둑인 것처럼 말이다. 밤에 평안하게 잠에 들기 위해서는 낮에는 하루 종일 깨어 있어야 한다. 낮 동안 최소한 열 번 이상은 밀려오는 잠과의 싸움에서 나 자신을 이겨내야 한다. 그래야 밤에는 적당히 피곤해진다. 그래서 잠은 영혼의 양귀비나 다름없다.

현자는 이렇게 말한다.

"낮 동안 열 번, 그대는 자신을 극복해야 한다. 낮 동안 열 번, 그대는 자신과 다시 화해해야 한다. 화해하지 못한 자들은 단잠을 이루지 못한다. … 낮 동안 열 번, 그대는 웃어야 하고 쾌활하게 지내야 한다."

현자는 적당한 평판과 재물이 있어야 걱정 없이 잠을 이룰 수 있으며, 부자연스런 모임보다 소박한 모임을 할 때 단잠을 이룰 수 있으며, 그 소박한 모임도 때에 맞게 이뤄지고 때에 맞게 끝내야 단잠과 어울릴 수 있다고 조언한다.

차라투스트라는 잠에 대한 현자의 말에 마력이 깃들어 있다고 공감했지만, 꿈 한 번 꾸지 않는 죽음과 같은 잠을 경계하라고 주문한다. 현자가 말하는 잠에 대한 지혜는 안일을 지향하는 아직 낙타와 같은 일상적 지혜에 불과하다고 생각했다. 전사로서 살아가는 사자와 같은 삶은 안일한 삶이 아니다. 자기극복의 삶이다. 사자는 밤에도 늘 깨어 있다. 언제 어디서 적이, 언제 어디서 먹이가 다가올지 모르기 때문이다. 사람도 마찬가지다. 근심과 걱정 없기를 바라면서 꾸벅꾸벅 조는 자에겐 미래가 없다. 왜냐하면 그들은 늘 누워 있기를 좋아하기 때문이다.

차라투스트라는 이렇게 말한다.

"이제 그들의 시대는 지나갔다. 이제 그들은 더 이상 오래 서 있지 못한다. 그들은 이미 누워 있기 때문이다."

3. 망상의 세계를 믿지 마라

　성경의 요한계시록은 세상 종말 이후의 삶을 설명하고 있다. 그럼 세상 종말은 언제일까? 마태복음에서 '그 날'은 예수 그리스도가 재림의 날을 의미한다. 마태복음 24장 36절과 44절은 '그 날과 그 때'를 이렇게 기록해놓았다.

　'그러나 그 날과 그 때는 아무도 모르나니 하늘의 천사들도, 아들도 모르고 오직 아버지만 아시느니라.'_36절

　'이러므로 너희도 준비하고 있으라. 생각하지 않은 때에 인자가 오리라.'_44절

성경 외에도 역사상 세상의 종말을 예견한 사람들이 또 있었다.

가장 대표적인 사람이 우리에게 노스트라다무스로 알려진, 프랑스 왕국의 천문학자며 의사였던 미셸 드 노트르담이다. 1550년경 노스트라다무스는 다음에 있을 일들을 예언하는 달력을 발간하면서 예언가로 명성을 얻게 되었다. 그러다 유럽에 페스트가 창궐하자 지구멸망설에 관심을 가지게 된 그는 예언서를 기술했다.

현존하는 그의 예언서 968편이 1970년대 후반에 번역되면서, '1999년 7월 하늘에서 공포의 대왕이 내려온다.'라는 예언이 지구멸망을 이야기한다고 세상 사람들은 믿게 되었다. 특히 1999년은 밀레니엄의 저주와 함께 종말론 신드롬을 일으키면서 노스트라다무스의 예언이 적중하지 않을까 하는 생각이 난무했다. 하지만 결단코 그런 일은 일어나지 않았다.

다른 한 사람은 정말 아이러니하게도 영국 과학자 아이작 뉴턴이다. 뉴턴은 과학자답지 않게 남몰래 30여 년 넘게 연금술에 빠져 살았다. 심지어 연금술 실험을 하기 위해서 수은까지 맛볼 정도로 열정적이다 못해 광적이었다. 뉴턴의 직접적 사인**死因**은 아니었지만, 연금술 실험으로 충독된 수은은 뉴턴에게 중독증세와 신경마비를 일으키는 요인이 되었다.

그런 뉴턴은 연금술 외에도 성경 해독에도 유달리 관심이 많았는데, 다니엘서와 요한계시록의 내용을 바탕으로 지구멸망을 예언하였다. 그는 다니엘서와 요한계시록에 나오는 '거룩한 백성이 받는 핍박이 끝나는 시점'이라는 말에서 지구멸망 기준을 발견했는데, 그 기준이 바로 '한때'와 '1260일'이었다. 한때는 1년, 1260일은 1260년으로 해석되었다.

그리고 이 계산의 시작점을 카롤루스 대제가 신성로마제국의 황제로 인정받은 서기 800년으로 잡았다. 그렇게 해서 계산하면, 800년+1260년= 2060년. 천재 과학자 뉴턴의 예언에 따르면, 지구멸망까지 이제 고작 34년 남았다. 오늘부터 문득 열심히 살아야겠다는 생각이 든다.

그렇다면 세상 종말 이후, 죽음 이후의 세상은 과연 존재할까? 과연 천국과 지옥은 존재할까? 그런 세상이 그냥 망상 속의 환영이나 미친 정신병자들이나 생각하는 별천지이거나, 종교인들이 생각하는 이세계의 천국과 지옥일까? 이 세상에 존재하지 않는 그곳, 다시 말해 저 편의 세계는 정녕 있는 것일까? 이건 인간의 망상에서나 존재하는 그냥 판타지 세계가 아닐까?

천상의 세계는 완전하고 위대한 곳이며, 지상의 세계는 죄 많은 불경한 세상이라는 기존 종교의 가치관을 역전시켜야 한다. 진정한 세상은 존재를 확인할 수 없는 가상의 세계가 아니라, 우리가 지금 발을 딛고 살아가면서 무수한 노력을 통해서 삶을 살아가는 지구 위 이곳 현실의 세계이다. 차라투스트라는 이 가상과 망상의 세계를 경계하라고 주문한다.

차라투스트라는 이렇게 말한다.

"자신의 고통에서 눈을 돌리고 자기 자신을 망각하는 것, 고통받는 자에게 그것은 도취적 쾌락이다. 도취적 쾌락과 자기 망각, 내게는 한때 세계가 그렇게 보였다."

4. 저 편의 세계를 맹신하는 자에겐 세상은 닫힌다

　차라투스트라도 한때 인간 너머 저 편의 세계에 대한 망상을 품은 적이 있었다. 저 편의 세계는 어디일까? 고대 철학자 플라톤에게는 완전한 세상, 천상의 이데아 세계였으며, 중세시대 그리스도교에서는 하늘나라, 바로 천국일 것이다. 사실, 중세 철학은 플라톤의 이데아 세계관에서 파생하여 기독교적으로 발전한 것이기에, 이데아 세계나 하늘나라나 마찬가지다. 다만, 중세시대의 하늘나라는 심판과 심판 이후의 천국과 지옥으로 나뉘져 있을 뿐이다. 죽어서 거기에도 또 인간들이 아웅다웅하면서 살고 있다니. 어쨌거나 천국이나 지옥이나 둘

다 차라투스트라가 말하는 저 편의 세계다.

그 세계 또한 고뇌하고 번뇌하는 신이 만든 작품 가운데 하나라고 생각했던 차라투스트라는, 세계 너머의 저 편의 세계는 꿈이며 이 세상에 불만족하는 신의 눈앞에 피어오르는 연기와 같다고 생각했다. 그렇게 신은 선과 악, 쾌락과 고통이 난무하는 이 세상과 다른 세상을 인간들에게 보여주기 위해서 저 편의 세계를 창조한 것이다. 왜냐하면 저 편의 세계를 알지도 경험도 하지 못한 인간은, 저 편의 세계를 동경할 때 비로소 창조자인 자신에게 눈을 돌릴 것이라고 생각했기 때문이다.

차라투스트라도 여느 인간들처럼 쾌락에 도취된 이 세계, 불완전한 이 세계, 영원한 모순이 가득한 이 세계, 자신을 상실하게 만드는 이 세계에서 벗어난 피안의 세계를 망상했다. 하지만 차라투스트라는 그 피안의 세계가 과연 인간을 위한 피안처가 될 수 있는가라는 의구심을 갖게 된다. 그래서 그는 그가 창조해낸 신은 다른 신들과 마찬가지로 인간의 작품이자 망상이었음을 깨닫게 된다. 결국 신은 인간이었고 인간과 자아의 초라한 한 조각에 지나지 않는 존재, 다시 말해 가상의 인물이다.

차라투스트라는 이렇게 말한다.

"고뇌와 무능함. 이것이 모든 저 편의 세계를 꾸며냈

다. 가장 괴로워하는 자만이 경험할 수 있는 저 짧은 행복의 망상, 그것이 저 편의 세계다. 단숨에 목숨을 걸고 뛰어올라 궁극에 도달하려는 데서 오는 피로감, 이제 더 이상 아무것도 바라지 못하는 저 가련하고 무지한 피로감. 이것이 모든 신들과 저 편의 세계를 꾸며낸 것이다."

결국 차라투스트라에게 세상 종말 이후, 다시 말해 인간이 죽은 이후 피안의 세계는 신과 마찬가지로 인간이 꾸며낸 것에 지나지 않는다. 그래서 그는 그 신이 만든 저 편의 세계도 결국 인간이 꾸며낸 망상, 다시 말해 신기루에 지나지 않는다고 생각했다. 이 땅에서 살면서 현실의 삶을 부정하고 불만으로 가득한 불행한 자와 저 편의 세계에 지나치게 의존하고 맹신하는 자에게 오히려 세상은 닫힌다. 이제 이 세상의 대지와 하늘, 그리고 자연을 믿어야 한다.

차라투스트라는 이렇게 말한다.

"차라리 건강한 몸의 소리에 귀를 기울이라. 보다 정직하고 보다 순수한 소리에. 건강한 몸, 완전하고 반듯한 몸은 정직하고 보다 순수하게 말한다. 그리고 바로 이러한 몸에서 대지의 뜻을 전해준다."

5. 몸이 없다면 자아도 없다

　세상 종말을 명쾌하게 정리한 철학자가 또 있다. 바로 프랑스 합리주의 철학자 데카르트다. "나는 생각한다. 고로 존재한다."라는 명언으로 유명한 데카르트는, 우리에게 '내가' 죽으면 세상은 멸망한 것이나 다름없다는 인식을 처음 일깨운 사람이다. 당시로선 코페르니쿠스적 사고나 다름없었다. 그런 데카르트는 몸과 영혼이 따로 분리되었다는 심신이원론을 주장했다. 영혼이 없는 몸은 한낱 고깃덩어리에 지나지 않지만, 뇌의 뒷부분에 있는 송과선을 통해서 영혼과 접점을 이루면서 비로소 완성된다. 그만큼 데카르트에게 정신은 몸보다 앞서는 실존이었다.

　불교의 화엄경은 '모든 것은 마음에서 비롯된다.'는 일체유심론을 이야기한다. 행복과 불행마저도 이 마음에서 지어낸 것이라고 말한다. 서양철학사에서 이 유심론은 프랑스 철학자 앙리 베르그송에서 대상을 과학적으로 이해하는 범위를 벗어난, 인식하는 직관이라는 개념으로 설명된다. 그는 내면의 직관을 통해서 세상을 인식하면서 완전해질 수 있다고 생각했다.

　그렇다고 베르그송이 신체의 의미를 직관의 하위 요소로 경시한 것만은 아니었다. 그는 신체와 직관은 끊임없이 변화하는 현실을 파악하는 핵심 수단이라고 주장하면서, 우리는 신체를 통해서 외부 세계와 분리된 경계를 인식하며, 신체의 운동능력을 통해서 직관과 지각의 장을 넓혀간다고 강조했다. 결국 신체는 지각과 직관의 핵심적 매개체 역할을 하는 것이다.

　저 편의 세계를 믿는 자들은 시간과 공간에 묶여 있는 신체는 완전한 세계를 지각하지 못하며, 온갖 동물적 욕구와 충동으로 정신을 혼탁하게 만든다고 생각했다. 그래서 그들은 이 세상 너머의 저 편의 세계에 있는 정신을 더 숭배했다. 몸과 독립된 존재로서의 정신, 그런 정신이야 말로 절대적이며 영원하며 순수하고 고상하다고 생각했기에, 몸을 외면하고 경멸했다.

하지만 차라투스트라는 몸을 경멸하는 자를 경멸했다.

차라투스트라는 이렇게 말한다.

"영혼은 몸에 속하는 그 어떤 것을 표현하는 말에 지나지 않는다. … 몸을 경멸하는 자는 차라리 자신의 몸과 작별을 고하고 침묵하라."

차라투스트라는 몸을 절대진리의 반열에 오른 '커다란 이성'과 같다고 생각했으며, 오히려 이성의 도구이며 정신이 몸의 도구로서 존재할 수 있다고 주장했다. 왜냐하면 몸속에 살고 있는, 몸 그 자체인 자아가 존재하기 때문이다. 감각과 정신의 뒤에 존재하는 자아는 감각의 눈으로 찾고 정신의 귀로 듣는다. 자아는 지혜보다 앞선 이성이다. 자아는 몸 속에 존재하기에 우리는 고통을 느끼고, 쾌락을 느끼고, 기뻐할 수 있으며, 사유를 할 수 있다.

여기서 차라투스트라는 창조하는 자아가 스스로 존중과 경멸, 쾌락과 고통을 창조하며, 창조하는 몸은 의지를 발현하기 위해서 정신을 창조했다고 말한다. 결국 몸이 없다면 창조적인 자아도 존재하지 않게 되는 것이다. 건강한 몸에서 건강한 정신이 나온다는 말은 너무 상투적이지만 매우 진리와 같은 말이다. 내가 아프면 다 소용없고, 내 몸이 죽으면 세상은 멸망한 것이나 다름없다.

차라투스트라는 이렇게 말한다.

"나는 그대들의 길을 가지 않겠다. 그대들 몸을 경멸하는 자들이여! 그대들은 나에게는 결코 초인에 다다르는 다리가 아니다."

6. 열정이 없는 자에겐 환희도 없다

　열정을 사전은 '어떤 일에 대해 뜨겁고 열렬한 마음을 가지는 감정'이라고 기술하고 있다. 결국 열정은 특정 대상이나 일에 대한 강한 애정이나 몰두, 그리고 강한 의지를 의미한다. 지금에야 이 열정**혹은 정열, 정념**이 인간의 솔직한 감정이나 강한 의지에 대한 동력으로서 긍정적 에너지라고 설명되지만, 사실 고대 그리스 철학자들에게 열정은 논쟁의 대상이었다.

　지금은 현존하지 않지만 기원전 3세기 그리스 철학자 크리시포스가 쓴 《열정에 관하여》에서, 그는 열정**혹은 정념**을 두려움, 분노, 욕망을 유발하는 감정으로 이성에 반하는 감정이라고 판단했으며, 이 열정은 선과 악에 대한 잘못된 생각에서 비롯된다고 설명했다. 그래서 과도한 열정을 가진 사람은 통제 불능의 달리기 선수와도 같아서, 치료가 필요한 환자나 다름없다고 주장했다. 심지어 심리치료를 통해서 열정을 거부하고 통제하는 훈련까지도 받아야 한다고 생각했다.

하지만 일부 철학자들은 열정의 긍정적 측면을 보기도 했다. 스토아주의자 제논은 열정을 괴로움, 쾌락, 두려움, 욕망이라는 네 가지 감정으로 정리했다. 괴로움과 쾌락이 현재에 존재하는 열정이라면, 두려움과 욕망은 미래를 향한 열정이라고 주장하면서, 열정은 고통을 가져오는 수동적 측면도 있지만 충동을 유발하는 능동적 측면도 제시했다. 그럼에도 열정에는 이성에 반할 정도로 과하지 않는 범위 내에서 조절하는 현명함이 필요하다고 언급했다.

프랑스 철학자 데카르트는 열정에 대한 관심이 많았던 철학자로 유명하다. 그는 《영혼의 열정》에서 열정의 의미를 중요하게 기술하면서, 열정과 이성을 어떻게 화합을 이룰 것인지에 대한 이야기를 풀어놓았다. "열정이 모두 본질적으로 선하며 우리가 피해야 할 것은 그 오용이나 과도함뿐이다.'라고 단언했던 데카르트는, 열정의 여섯 가지 요소**경이, 사랑, 증오, 욕망, 기쁨, 슬픔**가 인간 행동에도 긍정적·부정적 영향을 미칠 뿐만 아니라, 인간의 감정과 쾌에도 영향을 미친다고 생각했다. 결국 여기서 중요한 것은 열정은 즐거움과 쾌락을 동반한다는 점이다.

이처럼 양면성을 지닌 열정은 차라투스트라에게 '덕'과 같은 것이다. 차라투스트라의 덕은 신의 율법도, 인간의 법규와 인간의 필수품도, 천국으로 안내하는 이정표가 아니라, 이 지상에서 대중과 함께 나누는 선이나 다름없다. 또한 우리 모두의 덕이 아닌 나 자신에 의한, 나 자신을 위한, 나 자신의 덕이다.

차라투스트라는 이렇게 말한다.

"그대는 그대의 최고 목표를 열정의 심장에 새겨 넣었다. 그러자 이 열정은 비로소 그대의 덕이 되고 환희가 된다. 그대가 성미 급한 자, 혹은 음탕한 자나 광신자, 복수심에 불탄 자의 혈통을 받았다고 하더라도, 결국 그대의 모든 열정은 덕이 되었고, 그대의 모든 악마는 천사가 되었다."

여기서 중요한 것은 이러한 '덕은 열정에서 자라난다.'는 데 있다. 차라투스트라는 우리는 자연현실으로 돌아가 열정을 이 땅의 덕으로 삼아야 한다고 주문한다. 그러면 열정은 환희와 기쁨을 가져다 줄 것이며, 자신과 이 세상을 위한 생명으로 새롭게 자랄 것이라고 말한다. 거기에는 삶의 고통과 전투가 따르기는 하지만 말이다.

차라투스트라는 이렇게 말한다.

"많은 덕을 가진다는 것은 멋진 일이기는 하지만 고통스러운 운명이 따르기도 한다. … 그러나 이러한 악연은 필연이며, 그대의 여러 덕들 사이에서 일어나는 질투와 불신과 비방을 결코 피할 수 없는 것이다. 그러기에 맞서 싸워야 한다."

7. 높이 오르려고 할수록 외로워진다

　어느 분야에서든 우리 사회는 1등을 쟁취한 자를 존경한다. 대학입시, 직장, 군대, 스포츠, 복권, 방송 등 1등주의는 예나지금이나 최고의 가치로 여긴다. 무한한 경쟁과 승부, 생존 게임에서 모두가 최선을 다하지만 누구나 정상을 차지하는 것은 아니다. 어떤 분야에서든 정상을 차지한 사람은 대단하며 존경받아야 할 자격이 있다.

　하지만 이런 1등주의는 과도한 경쟁과 성적중심이 낳은 완벽주의, 실패에 대한 두려움과 자살, 왜곡된 권위주의, 불평등의 정당화, 권력 편중화, 극단적 엘리트주의 등 사회적 부작용을 야기하기도 한다. 1등 아래의

2등, 3등의 노력은 빛을 바라고 심지어 패배자의 낙인이 찍히기도 한다. 사실 우리 사회에서 1등주의는 매우 정치공학적으로 활용되고 있다.

그럼에도 여전히 1등주의는 부러움과 질투의 대상이 되는 것은 부정할 수 없다. 여기서 아이러니한 것은 1등은, 높이 오르려고 하면 할수록 남과 싸움이 아니라 자신과의 싸움을 끊임없이 치러야 한다는 데 있다. 그런 과정 속에서 외로움의 감정은 더욱 배가 될 수밖에 없다.

차라투스트라는 인간의 높이 오르려는 욕망이 클수록 같이 커지는 외로움과 모순을 산비탈의 나무에 빗대어 설명한다.

삶에 지친 한 청년이 차라투스트라의 눈에 들어왔다. 그 청년은 언젠가 정상에 이미 올라 있는 자에 대한 질투심으로 차라투스트라의 눈을 피해 달아났던 청년이었다. 나무에 기대어 절망의 눈빛으로 산골짜기를 바라보고 있는 청년에게…,

차라투스트라는 이렇게 말했다.

"우리의 존재는 이 나무와 같은 존재가 아닌가. 높이 곳으로 그리고 밝은 곳으로 올라가려고 할수록 그 뿌리는 더욱더 강인하게 땅 속으로 파고들고, 어둠 속으로, 심연 속으로, 그리고 악 속으로 파고 든다네. 높은 곳에 오를수록 언제나 혼자가 된다네."

　나무가 높이 오르기 위해서 뿌리는 땅 속 깊이 박혀야 한다. 얕은 뿌리는 땅 속의 축축함과 무수한 벌레들에 약할 뿐만 아니라, 얕은 뿌리로는 결코 나무는 높게 자랄 수 없으며, 높이 자란다 하더라도 얕은 뿌리는 나무의 그 높이를 지탱하지 못한다. 건강하지 못한 뿌리를 가진 채, 산비탈에 외롭게 홀로 최고 높게 서 있는 나무를 기다리는 것은 거센 비바람과 번개밖에 없다. 번개를 맞은 나무는 수십 년, 수백 년 동안 올라온 높이를 몇 초만에 쏜살같이 땅으로 추락하게 된다. 추락하는 나무에는 날개가 없다.

　인간세상도 마찬가지다. 남들보다 높은 곳에 오르면 남들은 올려다보겠지만 아무도 그 사람에게 말을 걸지 않으며, 외로움이라는 차가운 냉기만이 기다리고 있다. 동료로서 동경하던 자들도 경쟁자로서 경멸의 눈빛으로 바라보게 될 것이다. 그리고 그 나무에게 마지막 몰락만이 기다린다. 한때 영웅이었던 자들도 언젠가 탕아가 되는 날이 오기 마련이다. 세상 이치가 그렇다. 이럴 때일수록 주변을 살펴보면서, 주변을 사랑하면서, 주변을 기다리면서 높이 올라야 한다. 뿌리도 자랄 시간이 필요하다.

　차라투스트라는 이렇게 말한다.

"정신의 해방을 얻고자 하는 자는 다시 자기 자신을 정화해야 한다. 아직도 많은 구속과 곰팡이가 그에게 남아 있기 때문이다. … 나의 사랑과 희망을 걸고 그대에게 간절하게 바란다. 그대 영혼 속의 영웅을 버리지 마라. 그대의 최고의 사랑과 희망을 신성하게 간직하라!"

8. 죽음을 설교하는 자를 믿지 마라

　모든 사람은 죽는다. 사실 동서고금을 막론하고 모든 만물은 태어난 이상 소멸과 죽음의 시간을 맞게 된다. 이것은 진실이며 진리다. 그런데 여기서 재미난 것은 인간만이 죽음을 미리 걱정한다는 점이다. 언제 어디서 닥칠지 모르는 죽음을 미리 애쓰면서 염려하고 걱정하고 초조해 한다. 그래서 죽음은 닥치기도 전에 누구나 두려워하는 대상이었으며, 지금도 그러하다.

　하지만 서양사에서 한 개인의 죽음을 인정하고 존중하고 슬퍼했던 시기는 그렇게 오래되지 않는다. 가톨릭이 지배했던 1000년의 황금제국 중세시대에서 죽음은 개인의 소유가 아니었다. 아니, 이게 무슨 말인가? 죽음에도 소유자가 따로 있다는 말인가? 중세시대에서 개인의 죽음은 페스트의 창궐로 전 유럽 인구의 3분의 1이 목숨을 잃으면서 더욱 부각되었다. 그 이전에는 우리 인간의 원죄가 만든 죄의 결과로서 죽음이었다. '내'가 아닌 '우리 인간 모두'

여기서 죽음은 나 개인의 영역이 아닌 우리 모든 인간의 영역이었다. 그래서 세상 멸망의 날에 이르러 모든 인간이 심판을 받고 천국과 지옥이 결정되는 것이다. 그런데 중세시대에는 밤마다 죽음을 알리는 자가 종을 들고 다니면서 마을을 돌아다니는 풍습이 있었다. 그들은 인간들에게 밤마다 언제 닥칠 모를 죽음을 미리 준비하라고 설교를 하면서 다녔다.

차라투스트라는 삶을 등지고 떠나라면서 죽음을 설교하는 자들이 이 세상에 너무 많음을 한탄하고, 그들을 경계할 것을 주문한다. 그들은 '영원한 삶'을 미끼로 사람들을 현혹하고 유혹하는 '검은 사람들'이다. 하지만 정작 그들은 마음속에 야수를 품고 돌아다니면서 쾌락에 빠져 살거나, 쾌락으로 자기 자신을 갈기갈기 찢는 것 말고는 할 줄 아는 일이 없는 사람들이다. 그런데도 사람들은 그런 검은 사람들에게 현혹된다.

차라투스트라는 이렇게 말한다.

"여기에 영혼의 결핵 환자들이 있다. 그들은 태어나자마자 이미 죽어가기 시작하며 피로와 체념의 가르침을 갈망한다."

차라투스트라는 죽음의 장사치 같은 그들을, 영혼의 결핵환자 같은 그들을, 피로와 체념밖에 가르칠 줄 모르는 그들을, 세치 혀로 설교밖에 하지 못하는 그들을, 제대로 인간이 되지 않는 그들을 경계할 것을 주문한다. 그리고 차라투스트라는 그들에게 스스로 삶의 포기를 설교하고 스스로 떠날 것을 경고한다. 더 이상 이 세상의 사람들에게 해악을 끼치지 말고. 그리고 세인들에게 죽음을 장사하면서 설교하는 자들을 믿지 말 것을 주문한다.

차라투스트라는 이렇게 말한다.

"죽음을 설교하는 자들의 목소리가 도처에서 울려 퍼진다. 그리도 대지에는 죽음의 설교를 들어 마땅한 사람들로 가득하다. 하지만 그들이 영원한 삶에 대해 설교한다 하더라도 내겐 상관없다. 다만 그들이 빨리 **자신들이 그토록 원하고 설교하는 그곳, 죽음으로** 빨리 떠나버렸으면 좋겠다."

9. 삶은 전쟁터다

 1859년 세계를 놀라게 한 책이 출판된다. 영국의 위대한 생물학자 찰스 다윈의 《종의 기원》이다. 이 책은 출판된 첫 날 초판이 완판이 될 정도로 세상을 뒤집어 놓았다. 왜냐하면 인류의 탄생을 성경의 창조론을 뒤집고, '지금 살고 있는 생물은 긴 세월을 두고 끊임없이 변화하면서 과거와 살았던 생물과 다른 모습으로 진화되었다. 또한 과거에 살았던 많은 생물은 지금 사라지고 없다.'라는 이론이었기 때문이다. 지금에야 다윈의 이 진화론을 인정하지만, 당시로선 진화론 인정은 곧 불경한 이단행위였다.

사실 니체가 자신의 철학을 만드는 데 결정적으로 기여한 책이 바로 다윈의 《종의 기원》이었다. 여기서 진화론에서 그 유명한 논리인 '적자생존과 자연선택'이 나온다. 결국 같은 종이라고 하더라도 환경에 잘 적응하는 종이 살아남아서 번식하게 된다는 것이다. 다윈의 적자생존 논리는 어김없이 인간세계에도 여실히 적용된다. 생존투쟁이 그것이다.

하루하루의 삶은 전쟁터다. 고등학교는 대학입시를 위한 전쟁터며, 대학교는 취업을 위한 전쟁터며, 직장은 살아남기 위한 전쟁터며, 세계는 국가로서 존재하기 위한 전쟁터다. 군인들만이 전쟁터에서 목숨을 걸고 싸우는 것은 아니다. 한 개인 각각의 삶은 전쟁터나 다름없다. 월급쟁이도, 분식가게 사장도, 작은 기업 사장도, 대기업 직원도, 대기업 사장도 모두 각자의 전쟁터에서 가족의 생계를 유지하기 위해서, 회사의 생존을 위해서, 국가의 생존을 위해서, 그리고 무엇보다 자신의 생존을 위해서 목숨을 걸고 싸운다. 모두가 각자의 삶 속에서 군인이 된다.

이런 전쟁터에서 살아남기 위해서 우리들은 누군가를 짓밟지 않으면 안 된다. 주변의 모두가 경쟁자다. 그러면서 우리 마음속에는 적과 상대에 대한 증오와 질투가 쌓이기 마련이다. 질투심은 평소에 친했던 사람들이

나보다 더 잘나가게 되면 더 많이 느끼게 되어 있다. 그렇다고 마음속에 일어난 증오와 질투에 스스로를 부끄러워하거나 미워할 필요는 없다. 그건 인간으로서 자연스러운 감정이다. 오히려 그것을 자신의 길동무로 생각하는 것이 필요하다.

　이렇듯 삶은 무수한 적들과의 싸움을 통해서 자신의 영역과 자기 의지를 만들어간다. 이 싸움을 일으키고 그 싸움에서 이겨내고 극복해야 하는 것이 생명을 가진 모든 것들의 본질이며, 힘에의 의지를 통해서 자신의 존재성을 확고히 하는 방법이다. 생사를 걸고 이 세상과 싸움에서 살아남는 자만이 기억될 뿐이다. 이것이 존재의 법칙이며 존재의 방식이다.

　차라투스트라는 이렇게 말한다.

　"그대들은 자신들의 적을 찾아내어 자신들의 전쟁을 수행해야 한다. 그대들의 사상을 위해서. 설령, 그대들의 사상이 패배할지라도 그대들의 정직함만은 패배를 넘어서 승리를 외쳐야 한다!"

　차라투스트라는 삶에 대한 인식의 성자가 될 수 없다면 적어도 삶에 대한 인식의 전사가 될 것을 주문한다. 자신만의 삶과 사상을 위해서 비록 전쟁터에서 패배할 때가 오더라도, 자신과 자신의 정직함을 믿고 전쟁을 넘어서 승리를 위해 나아가라고 말한다. 삶의 전쟁터에서는 노동이 필요한 것이 아니라 투쟁이 필요하다. 삶의 전쟁터에서는 용감함이 곧 선이다.

　차라투스트라는 이렇게 말한다.

　"삶에 대한 그대들의 사랑이 최고의 희망에 대한 사랑이 되게 하라. 그리고 그대들의 최고의 희망이 삶에 대한 최고의 사상이 되게 하라. 그러므로 그들은 순종과 투쟁의 삶을 살도록 하라! 오래만 산다는 것이 무슨 보람이 있겠는가. 아낌 받기만을 원하면서 어찌 전사라고 하겠는가."

10. 국가는 새로운 우상이다

토마스 홉스의 《리바이어던》 표지

1651년 영국 철학자 토마스 홉스는 《리바이어던, 즉 교회 및 세속적 공동체의 질료와 형상 및 권력》을 출간했는데, 이 책의 표지에는 거대한 산 뒤에서 한 손에는 검을 다른 한 손에는 깃털이 달린 왕홀을 들고, 사람들의 머리가 새겨진 갑옷을 입고, 머리에는 왕관을 쓴 채 도시를 근엄하게 내려다보는 거대한 거인이 그려져 있다. 여기서 리바이어던은 구약성서 욥기 41장에 등장하는 바다 괴물 레비아탄을 비유한 것으로, 인간보다 강력한 힘을 보유한 괴물을 의미한다.

    홉스는 공권력과 왕권을 상징하는 검과 왕홀을 들고 있는, 사람들의 피를 상징하는 갑옷을 입은 리바이어던을 통해서 거대한 국가가 가톨릭 교회와 결탁하여 세속적·종교적 권력으로 인민들을 무참하게 다스리고 있고 착취하고 있음을 이야기한다. 왕은 곧 현세에서는 국가며 내세에서는 신이나 다름없다. 결국 지금의 국가는 인간이 만든 최고의 권력조직이자 통치조직이다.

    22세기를 앞두고 전 세계가 국가주의라는 유령에 미쳐가고 있다. 미국을 비롯하여 이스라엘, 아랍 국가들, 러시아, 중국, 일본, 몇몇 유럽 국가들에 이르기까지…. 근대 사회에서는 민족이 민중을 이끄는 이데올로기로 작동했다면, 현대 사회에서 민족의 자리를 국가가 대신하고 있다. 국가주의는 국가를 가장 우선적인 사회조직으로 규정하고 국가 권력에 사회 전반에 걸친 광범위한 통제력을 부여할 것을 주장하거나, 국가 공동체의 이익을 개인의 사사로운 이익보다 절대적으로 우선하는 이념이다. 국가가 권력이며 국가가 곧 폭력이 된다.

그래서 국가주의를 국가통제주의 혹은 국가우선주의라고 부르기도 한다. 제2차 세계대전에서는 국가주의는 민족주의와 결부되어 나치즘과 파시즘으로 나타났고, 또한 소련의 전체주의로 나타났으며, 현대 사회에서는 자본주의 무역전쟁에서 나타나고 있다. 특히 현대 사회에서 국가주의는 정치적·경제적 맥락에서 다른 국가보다 더 많은 이득과 우위를 점하려고 하는 데 그 목적을 두고 있다. 그래서 획일적 이념과 전체적 목표를 달성하기 위해서 국가의 질서를 해치는 모든 것과 개인을 철저히 배척하고 탄압한다. 무수한 조작과 궤변으로.

차라투스트라는 이렇게 말한다.

"국가는 모든 냉혹한 괴물들 가운데서 가장 냉혹한 괴물이다. 그 괴물은 냉혹하게 거짓말을 하기도 한다. 그 괴물의 입에서 '나, 국가는 민족이다.'라는 거짓말이 기어 나온다. 그것은 거짓말이다, … 많은 사람들을 낚을 덫을 놓고는 그 덫을 국가라고 부르는 자들은 파괴자들이다. 그들은 그 덫 위에 한 자루의 칼과 백 가지의 욕망을 걸어 놓는다."

차라투스트라는 국가를 새로운 우상이라고 비판한다. 현대 국가는 선과 악에 대한 온갖 음산한 말로 국민을 속인다. 국가가 가진 그 무엇은 결국 국민들에게서 훔친 것들이다. 국가에 대한 모든 실체는 가짜이며, 심지어 그 내장조차 가짜다. 국가는 도둑질을 교육이라고 가르친다.

그런데도 삶에 지친 국민들은 국가를, 새로운 우상을 섬긴다. 이 새로운 우상인 국가는 자신의 주위에 아첨하는 새로운 영웅을 세워놓는다. 그것이 신문이고 그것이 정치이며, 그것이 우상 숭배다. 이 냉혹한 국가는 그 영웅을 양심이라고 추켜세운다. 하지만 국가가 끝나는 그곳에 초인의 무지개와 다리가 있다는 점을 깨닫자. 신이 이미 죽었듯, 국가도 이제 죽어야 한다.

차라투스트라는 이렇게 말한다.

"악취에서 벗어나라! 이 인간쓰레기들이 벌이고 있는 우상 숭배에서 벗어나라! 이들 인간 제물들이 내뿜는 증기에서 벗어나라!"

11. 군중을 믿지 마라

 고대 철학자 아리스토텔레스는 《정치학》에서 "인간은 사회적 동물이다."라는 말을 남긴 것으로 유명하다. 여기서 아리스토텔레스는 '사회적'을 원래 '정치적'으로 표현했다고 한다. 로마 제국의 정치인이자 사상가인 세네카가 라틴어를 번역하는 과정에서 '사회적'으로 표현한 것이 지금까지 이어져오고 있다.

 '사회적'이든 '정치적'이든, 인간은 본성적으로 공동체를 형성하고, 그 공동체에서 다른 사람들과의 상호작용을 통해서 존재하고 살아나갈 수 있다는 것을 의미한다. 이것이 짐승과 심지어 신과도 차별되는 인간만의 존재성이라고 말한다. 아리스토텔레스가 인간을 사회적 관계 속에서 봤던 이유는, 아마도 고대 그리스는 도시국가로서 법과 사회적 규범에 따라 국민을 통제하고 통치하였기 때문이다.

어쨌거나 현대 사회에서도 사람은 태어나서 죽을 때까지 다양한 사람들을 만나고 가치관과 문화를 교류하면서 관계를 맺고, 함께 교육을 받고 함께 직장생활도 하면서, 가족들이 보는 앞에서 세상을 떠난다. 어느 한 순간도 어느 한 공간도 사람을 벗어나서 살수가 없다. 오히려 사회적 관계 속에서 소속감을 느끼지 못하면 외롭고 우울감에 빠지고 만다. 이 외로움과 우울감은 자살이라는 극단적 비극으로 이어지기도 한다. 그래서 소외감은 무서운 것이다.

그런데 과연 사회적 관계를 함께 유지하는 나 외의 사람들, 군중은 과연 믿을 만한 존재인가? 공통된 관심과 집합으로 생긴 인간집단인 군중에 대해 두려움을 가진 프랑스 사상가 르봉은 "군중은 추리하지 않는다."라는 말을 남겼다. 군중에겐 논리와 자각이 닿지 않는다는 점을 지적했다.

시장에는 별의별 군중이 모여 있다. 착한 사람, 사악한 사람, 불량배, 장사치들, 도둑들 등. 군중은 너저분한 시장의 쓰레기들만 찾아다니는 파리 떼처럼 윙윙거리는 인간 독파리들이다. 이들은 쉽게 화를 내고, 언쟁을 벌이며 거짓말은 물론, 배신도 서슴지 않고 저지른다. 차라투스트라도 군중을 악취가 풍기는 시장에 비유하면서 군중의 어리석음과 그런 어리석은 군중을 혹세무민하는 어릿광대를 비판한다. 여기서 어릿광대는 저널리스트, 작가, 정치인, 학자, 목회자 등을 비유한다.

차라투스트라는 이렇게 말한다.

"고독이 끝나는 곳에서 시장이 열린다. 그리고 그 시장은 배우들의 소음과 독파리 떼의 윙윙거림이 시작된다. … 시장에 군중이 있다. 군중은 위대한 것을 알지 못한다. … 군중은 변덕스러운 날씨와도 같다. 시장에는 성대하게 차려 입은 어릿광대는 군중에게 '예' '아니오'를 듣고자 한다. 그럼에도 군중은 그들을 자랑스러워한다. 그들이 이 시대의 지배자다."

군중이 자랑스러워하는 그들, 군중을 조정하는 그들 또한 독파리이며 흡혈귀나 다름없다. 그들은 스스로의 의지로 삶을 살아가는 자가 아니라, 남의 피를 빨아먹으면서 기생하고 착취한다. 군중의 환심과 돈을 얻기 위해서 아첨한다. 그러면서 군중 위에 군림하는 왕처럼 고매한 척, 순수한 척, 미덕을 가진 것처럼 행동한다. 그들이 모인 곳이 시장이라는 세상이다.

차라투스트라는 시장과 명성에 밀리 떠나서 혼자만

의 고독을 즐길 것을 주문한다.

차라투스트라는 이렇게 말한다.

"새로운 가치는 시장과 명성에서 멀리 떨어진 곳에 있으니, 달아나라, 그대의 고독 속으로! 그대는 그대의 피를 빨아먹는 독파리들과 너무 오랫동안 살아왔다. 그들은 그대에게 상처만 주는 독충이나 다름없다. 그들은 그대의 귀에 찬양의 노래를 부르고 사랑스럽게 보이려고 하지만, 그것은 언제나 비겁한 자의 약은 꾀에 지나지 않는다. 그러니 달아나라. 거친 밤이 사납게 불어오는 곳으로. 그대의 고독 속으로."

12. 벗도 적이 될 수 있음을 인정하라

有朋自遠方來 不亦樂乎 **유붕자원방래 불역낙호**
벗이 멀리서 찾아오니 이 또한 기쁘지 아니한가.

이것은 중국 사상가 공자의 《논어》 첫 장 두 번째 구절에 있는 말이다. 우리 인생에서 벗이 얼마나 중요한가를 말해주는 명언이다. 조선 후기 실학자 연암 박지원은 1780년 청나라 건륭제의 칠순연을 축하하기 위해서 사절단에 동행하여 연경과 황제의 피서지인 열하를 여행하면서 본 신기한 신문물에 감명을 받아서 《열하일기》라는 견문록을 썼다. 당시에는 이 《열하일기》는 조선 사절단을 돕는 하인들의 농담이나 중국의 토속적인 이야기나, 양반답지 않은 문체로 해학과 풍자를 가미했다는 이유로, 조선 사대부들의 비판을 받기도 했다. 하지만 지금은 수많은 연행문학 가운데 백미로 꼽힌다.

6개월 동안의 여정을 다녀온 박지원은 26권 10책으로 된 이 책을 쓰면서 피로한 몸에도 벗 황포와의 재회를 매우 기뻐했다고 한다. 박지원은 열하에서의 경험담을 벗 황포와 나누었으며, 황포는 박지원과 만날 때마다 새로운 벗을 데려와서 신문물과 조선의 기술과 미래에 대해 이야기를 나누었다고 한다. 그만큼 벗은 인생 친구며, 뜻을 나눈 동지며, 함께 수학한 동료다.

하지만 역사상 그 벗들이 적이 되는 순간도 많았다. 셰익스피어는 작품 《율리우스 카이사르》에서 너무나 아끼던 부하이며 벗이나 다름없는 수족이었던 브루투스의 칼에 죽임을 당하는 카이사르의 이야기가 실려 있다. 여기서 "브루투스, 너마저!"라는 유명한 대사는 그토록 믿었던 브루투스에 대한 카이사르의 처절한 배신감이 어느 정도였는지를 단번에 가늠케 한다. 하지만 정작 브루투스는 카이사르를 겉으로만 따르는 척했다고 한다. 이처럼 동지로서 서로 뜻을 나눴다고 생각하는 벗에 대한 각자의 마음도 동상이몽일 수 있다. 역설적이게도 질투심을 가장 많이 느끼게 되는 장본인이 바로 가장 곁에 있는 벗이다.

차라투스트라는 벗을 제삼자라고 칭하면서, "그 제삼자는 나와 또 다른 나 사이의 대화가 물속 깊이 가라앉는 것을 막아주는 코르크 마개다."라고 표현했다. 결국 이 벗이 있기에 나는 더욱 나를 객관적으로 바라볼 수 있으며, 침잠하는 나를 일깨워준다고 말한다. 그러면서 그 벗을 가지길 원한다면, 전쟁도 서슴지 않아야 한다고 주문한다.

왜? 나의 동반자며 조언자며 동지라고 하더라도, 언젠가 나의 적이 될 수도 있음을 자각하고 인정하라는 것이다. 여기서 적은 원수일 수도 있고, 함께 공동의 문제를 나아가되 다른 의견으로 가진 라이벌이기도 하다. 진정한 우정은 동지와 적의 양면성을 모두 겸허하게 받아들일 때 이뤄진다. 그리고 벗과 나는 서로가 동등할 때 가장 오래 가는 법이다.

차라투스트라는 이렇게 말한다.

"그 벗을 위해 전쟁도 서슴지 않아야 한다. 자신의 벗 안에 있는 적도 존경할 줄 알아야 한다. … 그대는 그대의 벗 내면에서 최상의 적을 찾아내야 한다. 그리고 벗에게 대적하는 동안 그대는 마음으로 벗에게 가장 가까이 다가가야 한다. … 그대는 벗의 노예인가? 그러면 그대는 벗이 될 수 없다. 그대는 벗의 폭군인가? 그러면 그대는 벗을 가질 수 없다."

　벗은 전쟁에서 적들 앞에서 당당하고 의연한 모습을 한 당신을 신뢰하고 의지한다. 나약한 모습을 보이면 그 벗은 당신에게 실망하고 낙담할 것이다. 전쟁에서 의지와 전의의 기력을 가다듬을 수 있는 영혼의 힘이 되어주어야 진정한 벗이다. 당신이 착하기만 하다고 벗들이 당신을 존중해주지 않는다. 상대에 대한 경외심과 존경심을 가져야 벗과의 관계도 오래간다. 연민이 만든 우정의 수명은 생각했던 것보다 그렇지 길지 않다. 벗조차도 내 맘과 다른 것은 당연하다.

　차라투스트라는 이렇게 말한다.

　"그대가 벗을 위해 아무리 아름답게 치장한다고 하더라도 충분하지 않다. 그대는 벗에게 초인을 향해 날아가는 하나의 화살, 초인을 그리워하는 동경이어야 한다."

13.
이웃보다 너 자신을 먼저 사랑하라

　자기 자신보다 타인, 다시 말해 가족이나 친구, 그리고 이웃을 먼저 생각하는 태도를 이타주의라고 한다. 그 반대말은 당연히 이기주의다. 그런데 과연 이타주의는 도덕적이고 이기주의는 비도덕적인가? 타인을 위하려는 행동을 하다가 다른 타인에게 혹은 자신에게 마음이 든 물질이든 상처나 손해를 끼친다면, 그건 과연 올바른 이타적인 행동이라고 할 수 있을까?

　인간 본성은 결코 이타적일 수 없다는 심리실험이 바로 '죄수의 딜레마'라는 실험이다. 두 명의 죄수를 각각 다른 취조실에 넣는다. 한 죄수에게 자백하면 석방을 하거나 감형을 내려줄 수 있는데, 만약 다른 공범이 먼저 자백을 하는 상황이 벌어지면 모든 죗값을 받게 된다고 두 죄수들에게 똑같이 말을 한다. 그러면 대부분의 죄수들은 자신이 먼저 자백을 하게 되어 있다고 한다. 여기서 아무리 친한 사이라도, 아무리 가족이라도 이타적일 수가 없다.

그럼에도 우리 사회는 이타주의를 강요한다. 혹시나 자신의 안위를 먼저 생각하는 행동을 이기적이라고 규정하고, 그런 사람들이 많은 이 세상을 추한 곳이니, 이 시대를 이제 말세니라고 말들을 쉽게 한다. 하지만 우리 모두가 소방관이 될 수는 없다. 소방관은 그들의 직업과 그들의 이타심이 함께 녹아 있기에, 남을 대신해서 자신의 목숨조차도 아낌없이 버릴 수 있는 용기와 숭고함을 갖고 있다.

오히려 우리는 외로움을 달래기 위해서, 자신의 지위를 인정받기 위해서 이웃을 먼저 찾는다. 자기 내면에서보다 자신의 외부에서 자신의 존재의미를 찾으려고 무던하게 애쓴다. 그렇다 나의 존재성은 나에게서 오는 것이 아니라 이웃의 인정에서 오기 때문이다. 그래서 이웃을 더 찾는다. 그런데 이웃에게서 상처를 받으면 더 큰 자괴감에 빠진다. 이것은 자신의 존재성을 찾는 구도求道의 행위가 아니라, 자신의 자아를 잃고 마는 오류를 범하는 행위다.

　차라투스트라는 사람들은 자신의 존재성을 인정받기 위해서 이웃 사람들 주위에 몰려가서 좋은 말 듣기를 좋아한다고 말한다. 하지만 그는 이러한 이웃 사랑은 오히려 자신에게 나쁜 사랑이라고 언급하면서, 자신들의 '이타적 자기 상실'을 제대로 꿰뚫어보라고 주문한다.

　차라투스트라는 이렇게 말한다.

　"그대들은 그대들 자신을 견뎌내지 못하며 그대들 자신을 충분히 사랑하지 못한다. 그리하여 그대들은 이웃을 유혹하여 사랑하도록 만들고 이웃의 과오를 이용하여 그대들 자신을 미화하려고 한다. 그대들은 자신에 대해 좋게 말하고자 할 때 오히려 이웃을 증인으로 끌어들인다."

　결국 차라투스트라는 자신을 위한다고 행동하고 말하는 이웃을 거짓말한다고 생각하는 것처럼, 이웃을 위한다고 행동하고 말하는 자신도 거짓말을 하고 있음을 인정하고 자각하라고 말한다. 오히려 그런 자들이 자기 자신은 물론, 이웃마저도 속이고 이웃의 물건을 탐하는 자다. 오죽하면 10계명에 '네 이웃의 집을 탐하지 말라!'**출애굽기 20장 17절**는 말이 있겠는가. 이러한 그릇된 사랑이 고독을 감옥으로 만든다고 경고한다.

　차라투스트라는 이렇게 말한다.

"형제들이여! 나는 그대들에게 이웃사랑을 권하지 않는다. 다만 그대들에게 가장 멀리 있는 자들을 사랑하라고 권한다."

이웃보다 너 멀리 있는 자, 바로 앞으로 초인될 자신이다. 자신을 먼저 사랑하라!

14. 창조하는 자는 고독하다

 그리스 로마 신화에서 최초로 인간을 창조했으며 인간에게 불을 전해준 신이 바로 프로메테우스다. 여기서 프로pro는 '먼저, 앞서'의 의미로 '먼저 보는' '예언자'를 의미한다. 그래서 프로메테우스를 '먼저 생각하는 자선지자' '인간을 창조한 자' '인간의 옹호자 혹은 대변자'로 불리기도 한다.

 창의력과 손재주가 뛰어나 장인의 신으로도 불리는 프로메테우스는 인간에게 불을 넘겨주었다는 이유로, 절대자에게 대항한 신으로 낙인찍혔다. 하지만 정작 그에게서 불을 건네받은 인간들은 그를 사랑하지 않았다.

그럼에도 프로메테우스는 반골적 성격과 반동적 행동으로 스스로 고독에 처해졌지만, 그 고독을 이겨낸 진정한 저항자며 창조적 장인으로 우리에게 남아 있다. 이렇듯 창조하는 자는 고독할 수밖에 없다.

진정한 창조자는 시장에서 탄생하지 않는다. 오히려 시장의 무리들 밖으로 나와야 한다. 설령, 군중이 창조자의 존재를 부정하고 비겁자라고 폄하하더라도, 자유롭지 않는 자는 결단코 창조자가 될 수 없다. 왜냐하면 세상이 만든 굴레와 멍에를 떠안고 있는 창조자의 의지는 자유로울 수 없을 뿐만 아니라, 세상의 도덕과 규범의 지배를 받기 때문이다.

그래서 차라투스트라는 창조하는 자는 군중에서 가장 먼저 멀어질 것을 주문한다. 왜냐하면 군중은 모든 고독을 죄악시하기 때문이다. 그런 창조하는 자는 오히려 군중 때문에 상처를 받고 고통을 받는다. 군중은 굴레이며 예속이다. 군중 속에서 높이 오르면 오를수록 질투에 찬 그들의 눈에 자신은 더욱 더 작아 보이고 초라해지며, 가장 미움을 받게 마련이다. 그래서 진정한 자유는 그들에게서 벗어나고자 하는 용기와 희망에서 나온다.

차라투스트라는 이렇게 말한다.

"그들은 고독한 자에게 부당함과 오물을 던진다. 그

럼에도 그대가 별이 되고자 한다면 그들을 여전히 비추어야 한다. … 그대가 마주칠 수 있는 최악의 적은 언제나 그대 자신임을 잊지 마라. … 그대 자신의 불꽃으로 스스로를 불태워야 한다. 고독한 자여! 그대는 창조하는 자의 길을 가고 있다. 그대는 그대의 일곱 악마에게서 하나의 신을 창조하려 한다."

고독은 자신에게서 무작정 멀리 떠나는 것이 아니라, 자신의 곁으로 다시 돌아오는 것이며, 고독은 자신의 사랑하는 길을 가는 방법이다. 군중 속의 삶에 개입하는 관심이 아니라, 군중 밖에 자신을 바라보고 자신을 제대로 사랑하는 무관심이다. '아, 나는 혼자구나!'라고 비로소 느낄 때, 나에 대한 진실한 사랑과 새로운 깨달음이 온다. 신을 넘어서 창조하고자 한다면….

차라투스트라는 이렇게 말한다.

"나의 눈물과 함께 그대의 고독 속으로 걸어가라. 형제여! 자신을 넘어서 창조를 이루고자 한다면…."

15. 적에겐 적의로써 대하라

 무더운 어느 날 차라투스트라는 두 팔로 얼굴을 가린 채 무화과나무 아래에서 잠이 들었다. 그때 독사 한 마리가 다가와서 그의 목을 물었기에 차라투스트라는 고통을 못 이겨 고함을 질렀다. 고함 소리에 놀란 독사가 어정쩡하게 몸을 돌려 달아나려고 하자, 차라투스트라는 독사에게 말했다.
 "도망가지 마라. 너는 나에게서 감사하다는 말을 아직 듣지 못했다. 너는 내가 가야 할 길이 먼 나를 제때 깨워주었다."
 독사는 차라투스트라에게 슬픈 목소리로 대답했다.

"당신의 길은 이제 얼마 남지 않았느니. 내 독은 치명적이다."

차라투스트라가 미소를 지으며 다시 독사에게 말했다.

"용이 독사의 독 때문에 죽었다는 소리를 들어본 적이 있는가? 이 독을 너에게 다시 돌려주마. 넌 내게 독을 선물할 만큼 부유하지 못하지 않는가."

이 말을 들은 독사는 차라투스트라의 목을 감고는 그의 상처를 핥고는 떠나버렸다.

이 이야기와 마찬가지로, 성경에서 뱀은 하와에게 선악과를 따먹게 유혹한 원죄의 범죄자이거나, 광야에서 예수를 끊임없이 유혹한 악마로 묘사된다. 그래서 뱀과 같은 적들에게 차라투스트라는 선으로써 갚지 말라고 주문한다.

진정한 전사는 적에게 은혜와 용서를 베풀거나 적에게 부끄러움을 보이기보다, 차라리 싸움은 싸움으로 응수하고, 화를 내고, 저주를 퍼붓고, 불의를 당한 만큼 불의로써 복수하라고 말한다. 왜냐하면 위반자에게는 정의와 명예가 아닌 징벌만이 필요하기 때문이다.

차라투스트라는 이렇게 말한다.

"그대들에게 하나의 커다란 불의가 저질러졌다면, 재빨리 다섯 개의 작은 불의로써 대적하라! … 반쪽의 불의는 반쪽의 정의를 의미한다. 불의를 감당할 수 있는 자신이 불의를 받아들여야 한다. … 정의를 지키기보다는 자산의 불의를 인정하는 것이 더욱 고상하다."

살아가다 보면 삶의 전쟁터에서 우린 수많은 적들을 만나게 된다. 피해와 상처를 받았음에도 좋은 게 좋은 것이라고 생각하거나, 불편한 관계를 만드는 것을 불편하게 생각해서 꺼려하거나, 상대의 폭행과 폭언을 그냥 무서워서 피해버린다면 그 다음에 나에게 남는 것은 몸과 마음의 수치심과 죽음뿐이다. 세상엔 따스한 정의는 결단코 없다.

16. 자유로운 죽음을 맞이하라

"사느냐 죽느냐 그것이 문제로다To be, or not to be, that is question."

이 말은 영국 문호 셰익스피어의 비극 《햄릿》에 나오는 너무나 유명한 대사다. 이 대사는 비극 《햄릿》의 3막 1장 햄릿과 오필리어가 만나기 직전, 클로디어스와 폴로니어스가 숨어서 햄릿을 지켜보고 있는 동안 햄릿이 자신의 고뇌를 토로하는 장면에서 나온 독백이다. 여기에는 불운한 숙명의 소용돌이 속에서 무엇이 더 고귀한가에 대한 햄릿의 고민이 얼마나 처절하고 절박했음을 여실히 담겨 있다.

그런데 문득 생뚱맞은 의문이 드는 것은 왜일까? 먼저, 사실 내가 사는 게 나은지 죽는 게 나은지 판단하는 것도 쉽지 않은데, 정말 적이 아닌 이상 누군가에게 어서 죽으라고 말한다는 것은 더욱 쉽지 않다. 한편 죽음은 《햄릿》처럼 장엄한 비극이며 비통한 슬픔일까, 아니면 언젠가는 그 누구에게나 찾아오는 손님을 맞는 축제일까? 하여간 여기서 분명한 것은 왕도, 부자도, 교황도, 심지어 예수도 죽음을 맞이했다는 점이다.

차라투스트라는 사람으로 태어나면 늦게 죽든, 아니면 너무 일찍 죽든 언젠가는 예고 없이 죽을 수밖에 없다면, "제때 죽어라!"라고 가르친다. 아니, 세상에서 최고의 거짓말이 "어서 죽어야지!"하는 100살 노인의 푸념이라고 하지 않던가. 그런데 "죽어라"니. 여기서 핵심은 '제때'라는 말이다.

차라투스트라는 이렇게 말한다.

"물론 제때 살지 못한 자가 어찌 제때 죽을 수 있겠는가? 차라리 그는 태어나지 말았어야 했다. … 모든 사람이 죽음을 중요하게 여긴다. 그러나 죽음은 삶을 완성하는 단계이다. 산 자에게 가시가 되고 굳은 맹세가 되는 죽음을 여전히 축제로 생각하지 않는다. 우리는 죽는 법을 배워야 한다. 나는 그대들에게 나의 죽음을 권한다. 내가 원하기 때문에 나를 찾아오는 자유로운 죽음을…."

'내가 대체 언제쯤 죽을까?'라는 의문은 헛된 정신에서 나온 것이다. 너무 빨리 죽기를 바라는 것도 가치가 없으며, 안 죽기를 바라면서 구구절절하게 억지로 연명하는 것도 부질없다. 빠른 죽음을 재촉하는 자는 허무주의자이며, 느린 죽음을 기대하는 자는 욕심주의자다. 계절에 순리가 있듯 삶과 죽음에도 순리가 있다. 진짜 중요한 것은 '제때' 죽기를 바라는 것이다.

진정으로 명성을 얻고자 하는 자라면, 누구든지 '제때' 명예와 작별하고, '제때' 떠나는 '어려운' 재주를 익혀야 한다. '박수 칠 때 떠나라'라는 말도 있지 않은가.' 가장 맛이 좋을 때라도 자기 자신을 계속 먹히도록 내버려두어서는 안 된다. 오랫동안 사랑받고자 한다면, '제때'가 왔을 때 내려놓아야 한다. 그러니 자유로운 죽음을 당당하게 맞이하라.

차라투스트라는 이렇게 말한다.

"죽음 앞에서도 그대들의 정신과 덕은 대지를 둘러싸고 있는 저녁놀처럼 활활 타올라야 한다. 그러지 않으면 그대들의 죽음은 실패나 다름없다."

17. 베푸는 자의 눈길은 황금처럼 빛난다

　세상에서 가장 고귀한 보물은 단연코 황금이다. 금은 그 어떤 광물에 비해 세월이 지나도 그 색은 변치 않는다. 다이아몬드는 돈으로 비쌀지는 모르지만, 고귀하지 않다. 그래서 황금은 중세시대 비잔티움 예술에서 교회나 종교화를 더욱 성스럽게 하기 위해서 활용되었다. 예수의 얼굴은 황금으로 장식되었으며, 아기예수와 성모 마리아의 뒤에는 황금빛의 성스러운 기품으로 가득했다.

　중세시대에 황금이 내뿜는 금빛은 단순히 색을 넘어서, 태양이 따스한 빛을 내려 비추는 것과 같이 유일신

하느님의 은총과 은혜, 그리고 자비를 상징했다. 그래서 종교적 의미에서 황금은 더 이상 물질이 아니라, 정신적 의미의 절대성과 우월성, 순수성과 성스러움을 갖는다.

차라투스트라는 얼룩소라는 마을을 떠날 때, 그의 제자로 자청하는 사람들이 그를 따랐다. 그들이 갈림길에 이르렀을 때 차라투스트라는 혼자 가겠다고 그들에게 말을 했다. 그는 혼자 가기를 좋아하기에 당연했다. 그러자 제자를 자청한 그들은 차라투스트라에게 뱀이 태양을 감싸고 있는 황금손잡이가 달린 지팡이를 이별의 증표로 선물했다. 차라투스트라는 너무나 기뻐서, 그들에게….

차라투스트라는 이렇게 말했다.

"자, 말해보라. 황금은 어떻게 하여 이토록 최고의 가치를 가지는가? 진귀하면서도 쓸쓸이가 딱히 정해지지 않았고, 번쩍이면서도 그 빛이 부드럽기만 하다. 그래서 황금은 언제나 자기 자신을 베푼다. 황금은 오직 최고의 덕의 이미지로서만 최고의 가치를 가진다. 베푸는 자의 눈길도 황금처럼 빛나리라."

황금의 광채가 달과 태양 사이를 평화로써 맺어주듯이, 베푸는 것이야 말로 최고의 덕이다. 진정한 덕은 따스한 빛을 쏟아내는 태양과 같다. 고양이나 늑대 같은 동물은 베풀지 않는다. 오직 인간만이 베풀 수 있다. 베풀 줄 아는 자에겐 죽음을 생명으로 이끌 수 있는 에너지가 있다. 하지만 이 사회에는 모든 부를 쌓아놓기에 갈망하는 불쌍한 영혼들만 가득하다. 그들은 남의 것을 뺏고도 만족할 줄 모른다. 차라투스트라는 만족할 줄 모르며, 베풀 줄 모르는 자를에게 영혼의 덕을 쌓으라고 주문한다.

차라투스트라는 이렇게 말한다.

"만족할 줄 모르는 영혼이 보물과 보석을 갈구한다면, 베푸는 자의 영혼에는 만물이 흐른다. 그리하여 만물은 그대들의 샘에서 그대들의 사랑의 선물이 되어 다시 흘러나간다."

베푸는 영혼이 없는 곳에서는 언제나 퇴화가 일어나며, 이 퇴화는 결국 우리에게 나쁘고도 가장 나쁜 것이나 다름없다. 그래서 차라투스트라에게 베풀지 못하는 자의 마음은 병든 이기심이며 굶주린 자의 탐욕이라면, 베푸는 사랑은 모든 기존 가치를 빼앗는 강도의 이기심이다. 이런 강도의 이기심은 온전하고 신성한 것이며, 퇴화에서 상승으로 가는 자신과의 투쟁의 결과물이다.

3장

차라투스트라의 말 2

세상이 만든 편견과
고정관념에서 나를
자유롭게 만드는 깨달음

차라투스트라의 말

1. 거울 속의 아이를 보라

라파엘로의 〈아테네 학당〉 부분

르네상스를 대표하는 3대 거장인 청년 화가 라파엘로는 〈아테네 학당〉1510~1511에서 원근법의 소실점이 있는 정중앙에 세계적인 철학자 두 명을 그려 넣는다. 플라톤과 그의 제자 아리스토텔레스다. 이 그림을 그릴 때 라파엘로는 플라톤의 모델로 레오나르도 다 빈치를, 아리스토텔레스의 모델로 미켈란젤로를 생각하고 그렸다고 한다. 미학과 미술사를 가르치는 개인적 입장에서, 레오나르도 다 빈치가 더 아리스토텔레스에 가깝고, 미켈란젤로가 플라톤에 가깝다는 생각이 든다. 어쨌거나 르네상스 거장 라파엘로를 존경한다.

그런데 여기서 아리스토텔레스가 청출어람인 이유는 두 사람의 손에 있다. 플라톤은 이 세상의 만물은 다 불완전한 것이기에 영원한 것은 오직 하늘, 다시 말해 이데아에 있다고 생각했기에 손가락을 하늘을 가리킨다. 반면 눈에 보이지도 만질 수도 없는 이데아를 현시화시키는 것은 바로 이 땅에 있는 재료들 덕분이라고 생각했던 아리스토텔레스는 세상의 본질로서 만물이 존재하는 땅을 가리킨다. 이것이 관념론과 유물론 논쟁의 시작이 되었다.

한편 플라톤은 '이데아론'을 설명하기 위해서 세상을 '동굴'에 비유했다. 동굴에 갇혀서 손과 발이 족쇄에 묶이고 결코 동굴 입구를 볼 수 없는 자가 있다. 그의 눈에 비친 세상은 동굴 입구에서 들어오는 빛에 비치는 묶인 자신의 모습밖에 없다. 결국 세상을 자기가 보고 싶은 것만 본다는 것이다. 현대 사회에서 영화관이 바로 플라톤의 동굴이나 다름없다. 그만큼 플라톤의 동굴 이야기는 우리의 인식이 얼마나 한정적인가를 꼬집는다.

 동굴과 함께 자아를 발견하는 매개체가 거울이다. 프랑스 정신분석학자 자크 라캉은 거울 단계 이론을 이야기하면서, 아이는 거울 속 자신의 모습을 보면서 자아를 처음 인식한다고 말한다. 거울 속에 비친 모습이 실제 자신이 아니지만, 이런 허구적 인식을 통해서 자아의 출발점을 가지면서, 인간으로서의 주체성을 형성해간다는 것이다.

 차라투스트라는 자아를 발견하기 위해서 자신을 동굴 속으로 밀어 넣어 시장의 군중들과 멀리했다. 자신도 사람인 이상 초조함과 고독과 싸워야 했다. 이 고독한 자에게 달이 가고 해가 가면서, 그의 지혜는 성장하고 그의 영혼은 충만해져갔다. 어느 날 동이 트기 전에 그는 마음속을 들여다봤다. 마음속에는 거울을 든 아이가 자신에게 다가오고 있었다. 그 아이가 그에게 말한다.

 "차라투스트라여! 이 거울에 비친 그대를 보세요!"

 거울을 본 차라투스트라는 소스라치게 놀라 비명을 지르고 만다. 그 속엔 초인에 다다른 자신이 아니라 악마의 찌푸린 얼굴과 조롱하는 웃음이 있었기 때문이다. 동굴 속에서 지혜가 성장하고 영혼이 충만해졌다고 생각한 건, 차라투스트라의 착각이었으며 오만이었다. 그리곤 자신에게 이렇게 말을 한다.

"참으로 나는 이 꿈의 조짐과 경고를 너무도 잘 이해한다. 나의 가르침이 위험에 처해 있고, 잡초가 밀의 행세를 하려고 했구나!"

지혜와 영감, 그리고 행복은 아이와 같은 마음으로 거울에 비친 자신의 내면에서 나온다는 것을 깨달은 차라투스트라는, 어두운 동물에서 나와 벗과 적들이 있는 시장으로 다시 내려왔다. 그들에게 다시 설교하고 베풀고 사랑을 보여주었으며, 심지어 그들이 적들이다 하더라도 말이다. 적들 또한 자신의 행복의 한 부분임을 인정하고 받아들인다. 그리고 비로소 자신의 지혜가 어디서 왔으며 어디로 가고 있는지를 알게 되었다.

차라투스트라는 이렇게 말한다.

"나의 견고한 지혜는 고독한 산 위에서 잉태되었다. 그리고 험준한 바위 위에서 나의 지혜는 아이를, 가장 마지막 아이를 낳았다. 이제 나의 지혜는 황량한 들판 위를 바보처럼 뛰어다니며 부드러운 풀밭을 찾아 헤맨다. 나의 오래되고 견고한 지혜가!"

2. 창조의 노동이 수확의 행복을 만든다

미켈란젤로의 〈다비드〉

그리스 철학자 아리스토텔레스는 예술작품을 창조의 노동에 대한 결과물로 간주했다. 그러면서 어떤 예술작품을 창조하는 데에는 4가지 요인이 있다고 설명했다. 형상인, 질료인, 목적인, 그리고 추동인이 그것이다.

미켈란젤로의 아름다운

조각 〈다비드〉1501~1504를 예로 들어보자.

가장 먼저, 조각을 만들기 위해서는 미켈란젤로는 다비드의 이미지를 머릿속으로 상상해서 디자인했을 것이다. 이것이 바로 형상인이다. 이 형상인은 플라톤의 이데아Idea, 다시 말해 아이디어idea나 다름없다.

둘째, 머릿속 다비드 이미지를 실제로 조각품으로 만들기 위해서는 그 재료인 대리석이 필요하다. 이것이 질료인이다. 결국 스승 플라톤의 아이디어는 제자 아리스토텔레스가 사용하는 재료를 통해서 현시화할 수 있다.

셋째, 이 예술작품을 만드는 이유가 무엇인가? 돈 벌기 위해서든, 신전에 모셔두기 위해든. 이것이 목적인이다.

마지막으로 가장 중요한 것이 기다리고 있다. 바로 이것을 누가 만들 것인가? 바로 조각가 미켈란젤로다. 그가 바로 추동인이다. 추동인이 없다면, 플라톤의 기발한 아이디어도 현실화될 수 없다. 그래서 예술을 의미하는 아트art는 기술과 노동을 의미하는 아르스ars에서 유래됐으며, 예술작품work과 노동work은 같은 말이다.

차라투스트라는 세상의 모든 수확은 신의 가호가 만든 산물이 아니라 자연의 힘과 인간의 노동에 의해서 만들어진 창조물이라고 말한다. 수확의 달콤함은 하늘 위에 있지 않고 바람과 비와 햇볕, 그리고 인간의 의지와 노동이 함께한 이 땅 위에 있다. 사실 신은 사유할 수 있지만, 창조하지 않는다.

차라투스트라는 이렇게 말한다.

"만물을 인간이 생각할 수 있고, 인간이 볼 수 있고, 인간이 느낄 수 있는 것으로 변화시키는 일, 그것이 그대들에게 진리에의 의지이다. 그대들은 자신의 감각을 그 궁극에까지 사유해야 한다. 그리고 그들이 부르는 그 세계, 그것은 그대에 의해 창조되어야 한다. … 창조하는 것, 그것이야말로 고통에서 위대한 구원이며 삶을 가볍게 하는 것이다. 하지만 창조하는 자에겐 고통과 변신이 필요하다. 산고가 없는 창조는 없다. 그것이 창조하는 자의 운명이다."

이처럼 창조하는 자는 산고의 운명을 받아들이고 수많은 고통과 변신, 그리고 끊임없는 노동을 통해서 '생식-욕구'와 '생성-욕구'를 실현해낸다. 이것이 바로 '생식에의 의지와 의욕'이라고 차라투스트라는 주문한다. 이 의지와 의욕은 창조하는 자를 더욱 자유롭게 할 뿐만 아니라, 수확의 기쁨과 행복을 주는 원동력이 된다. 그럼으로써 나는 어제 다른 내가 된다.

차라투스트라는 이렇게 말한다.

"나의 의지, 나의 열정적인 창조의지는 언제나 나를 새로운 인간으로 몰아간다. 그리하여 망치가 돌을 치도록 만든다. … 돌 속에는 내가 그토록 바라던 형상이 잠들어 있다! 어떤 그림자가 나를 찾아왔다. 바로 초인의 아름다움이 그림자가 되어서 내게 다가왔다!"

　이 말은 곧 미켈란젤로의 말과 다를 바가 없다. 창조물은 인간의 노동의 결과물이지, 신의 입에서 탄생한 것이 아니다.

3. 어쭙잖은 동정보다 차라리 냉정하고 솔직하라

　인간은 다른 인간들과 함께 살면서 배우는 여러 학문들 가운데, 세상의 지식이나 과학, 진리를 다루는 것 외에 사람에 대한 예의를 가르치는 학문이 있다. 바로 도덕, 다시 말해 윤리학이다. 윤리학은 동서양을 막론하고 인간이 갖추어야 할 기본 소양 학문으로서 인정받았다. 서양 철학사에는 아리스토텔레스를 시작으로 데이비드 흄, 장 자크 루소, 존 로크, 라이프니츠, 칸트, 헤겔에 이르기까지, 무수한 철학자들이 윤리와 도덕을 규정하고 도덕적 삶에 대한 자질과 덕목, 그리고 예절 방법을 제시했다.

특히 아리스토텔레스는 자신의 윤리서 《니코마스 윤리학》라파엘로의 <아테네 학당>에서 아리스토텔레스가 손에 들고 있는 책에서, 덕을 통해서 타인에게 선을 행하라고 주문한다. 왜냐하면 그 덕이 우리를 선하게 만드는 습관이기 때문이다. 덕에 대한 아리스토텔레스의 철학과 사상을 담은 이 책은, 도덕적 행동의 습관화를 통해서 도덕적 성품을 고양해야 한다는 것에 초점을 두고 있다. 이 책은 서양 윤리학의 근간이 된다.

한편 동양 철학에서 공자의 인仁, 노자의 도道와 덕德, 맹자의 측은지심惻隱之心은 사람으로서 갖추어야 할 양심과 의무, 그리고 예절을 어떠해야 하는지를 가르친다. 결국 외부의 강제적 법률에 의해서 규범되는 예절이 아닌, 자신의 내면에서 우러나오는 예법을 규정한다. 특히 인과 의를 기반으로 한 맹자의 도덕은 모든 사람이 가져야 하는 선천적 성품을 중요시하면서, '사단四端' 가운데 '남을 불쌍히 여기는 마음측은지심'을 '인의 시작'에 놓는다.

여기서 의문이 하나 생긴다. 철학과 윤리는 어떤 밀접한 관계가 있기에 동서양을 막론하고 대부분 철학자나 사상가들은 하나같이 윤리와 도덕을 거론했을까? 이들 철학자들은 당시 대체적으로 진선미진리, 선함, 아름다움를 하나의 통합된 개념을 생각했다.

하여튼 표현만 다를 뿐, 동서양 윤리학자들은 '덕이 곧 선이며 인이다.'라고 말했다. 정말 모든 사람들은 그것에 동의할까? 정말 모든 사람들이 덕으로써 자신보다 고통 받고 가난한 자를 대하고 있을까? 많은 자선단체들은 의로써 덕으로써 빈민과 병자들을 구제하고 있는 걸까? 측은지심의 마음은 정말 순수할까? 그리고 그것을 받아들이는 사람들에겐 유익한가?

차라투스트라는 과감하게 아니라고 반박한다.

차라투스트라는 이렇게 말한다.

"내가 동정해야 할 상황이 온다하더라도, 나는 동정심 있는 자라는 말을 듣고 싶지 않다. 만약 내가 동정을 해야 할 때가 온다면 멀리서 하겠다. … 왜냐하면 내가 그를 동정심으로 도와주었을 때 나는 그의 자존심에 상처를 입혔기 때문이다. … 내가 부끄럽고 괴로운 건 그가 느꼈던 수치심 때문이다."

어쭙잖은 작은 선행과 동정심은 오히려 상대의 마음에 좀벌레가 생기게 만든다. 고통 받는 누군가를 동정하지 않는다는 양심의 가책은, 오히려 나에게 남을 책망하고 대가를 바라는 마음으로 돌아오게 되어 있다. 또한 자신이 자비로운 인간이라고 믿는 건방진 오만함까지 지니게 된다.

이러한 하찮은 생각을 하느니, 차라리 하찮은 악행

을 저지르는 게 낫다. 왜냐하면 하찮은 악의는 커다란 악행을 예방하기 때문이다. 물론, 고통 받는 친구가 찾아올 때 가장 큰 도움은 딱딱한 침대와 같은 휴식처로서 남는 것이다. 냉혹하지만 따스한 가슴으로 맞이하자.

    차라투스트라는 이렇게 말한다.

    "모든 위대한 사랑은 모든 동정을 뛰어넘는다. 위대한 사랑은 사랑의 대상조차 창조하기 때문이다. … 모든 창조하는 자들은 냉혹하다!"

4. 대가를 바라는 덕은 더 이상 덕이 아니다

'기록한 바 의인은 없나니 하나도 없으며 … 선을 행하는 자는 없나니 하나도 없도다.'

로마서 3장 10~12절은 이렇게 기록하고 있다. 원죄를 떠나서 여전히 인간 모두가 의와 선보다 죄를 더 범하고 있음을 비판하는 구절이다. 우리는 사회적으로 옳은 일을 하고, 정의를 위해 헌신하며 자기 안위보다 올바른 도리를 지키는 사람을 의인義人이라고 부른다. 우리 사회는 이런 의인을 존중하고 존경하고, 미디어와 국가는 그들을 영웅시한다.

하지만 목숨을 가진 인간으로서 자신의 신체적 위해

나 경제적 위험을 감수하면서까지, 누군가를 돕는다는 것은 결코 쉬운 일이 아니다. 신경과학적으로 봤을 때, 인간의 뇌는 선행을 할 때 도파민이 분비하여 일종의 정신적 쾌감과 만족감을 얻는다고 한다. 다시 말해 선을 행했을 때 인간은 직접적으로 물질적 이익이나 보상보다 감정적 보상에 더 만족한다는 것이다.

반면 진화심리학은 인간은 상호 협동을 통해서 생존해온 존재로, 선행은 일종의 유전적 이기심의 전략 가운데 하나라고 규정한다. 이것을 '호혜적 이타심'이라고 정리하는데, 다시 말해 지금의 친절은 내일의 생존 가능성을 위한 투자로서 당장은 아니지만 언젠가 자기에게 돌아올 대가라고 설명한다.

사실 이 세상에는 의인보다 범인凡人이 더 많다. 그래서 처음부터 의도하지 않더라도 착한 행동에는 신뢰, 존경이라는 정신적 보상과 일정 정도의 물질적 보상을 기대하지 않을 수 없다. 사실 종교도 이 세상에서의 선행은 내세에서 천국이라는 보상을 받는다고 '헛된' 기대감을 주지 않는가! 오히려 이 사회에는 사회적 공익을 지향해야 하는 직업인들 가운데 의로운 행위보다 대가와 보상, 심지어 뇌물까지 바라는 악의적 행위를 하는 사람이 더 많다. 그만큼 의와 대가는 쌍두마차처럼 함께 따라간다.

차라투스트라는 대가를 바라는 덕을 가진 자들을 경계하라고 주문한다.

차라투스트라는 이렇게 말한다.

"그대들 덕을 가진 자들이여! 그대들은 아직도 대가를 바라는구나! 덕을 베푼 대가를, 이 땅에서 보낸 삶에 대가로 천국을, 아직도 그대들은 왜 오늘 삶의 대가로 영원함을 바라는가? 나는 그대들에게 덕의 대가를 가르친 적이 없다. … 그대들의 밑바닥에 있는 모든 비밀이 드러날 것이다."

그럼에도 이 세상에는 인간의 고귀함을 보지 못하고 인간의 비열함을 덕이라고 부르고 그것을 행하는 자들이 너무 많다. 그들의 덕은 사악한 덕이다. 그들은 한 줌의 정의를 자랑하고 내세우면서 덕을 행한다고 하는데, 그들이 행한 덕은 악행이나 다름없다. 그런 사악한 덕이 세상을 그들의 불 속으로 빠뜨린다. 이런 자들을 경계해야 한다.

대가를 바라는 덕을 가진 자들의 밑바닥이 파헤쳐지고 태양 아래 드러날 것이며, 그들의 허위와 위선마저도 진리와 진실에서 멀어져 있다고 비판한다. 여기서 차라투스트라는 사랑과 덕을 진실로 행하는 자로서 어머니를 비유한다. "그 어떤 어머니가 아이에 대한 사랑과 덕을 대가를 바라면서 하겠는가!"라고 반문한다.

대가를 바라지 않고 행하는 덕은 덕을 가장 사랑하는 자의 진정한 자아이며, 덕을 행하는 모든 일은 꺼져가는 별에 빛을 밝히는 것과 같으며, 영혼이 밑바닥에서 나오는 진리와 같다. 비록 덕을 행한 일이 끝난다 하더라도 덕은 꺼지지 않는 빛으로 덕을 행한 자들과 여전히 함께할 것이다.

차라투스트라는 이렇게 말한다.

"나의 벗들이여! 마치 어머니가 아이의 내면에 있듯이, 그대들의 자아 또한 그대들의 행동 안에 있다. 이것이 덕에 대한 그대들의 말이 되어야 한다!"

5. 평등을 부르짖는 자의 혀는 독이다

 '인간의 존엄, 권리, 인격, 가치, 행복의 추구 등에 있어 차별이 없는 상태'를 평등이라고 사전은 풀이하고 있다. 천부인권사상의 기본이 되는 평등은 민주주의의 핵심 이념이며 사회정의를 결정하는 바로미터가 된다. 그래서 평등을 좀 더 구체화한다면, 인격의 평등을 의미한다. 인종, 계급, 학력, 지역, 재산, 참정, 문화 등 그 어떤 것에서도 아무런 구별과 차별이 있어서는 안 되며, 이런 차이가 한 사람의 인격에 위해를 가해서도 안 된다. 이것이 진정한 도덕적 인격의 존중이며 평등이다.

 물론 인간사회에서 평등은 지향해야 하는 이상이 되

어야 한다. 다만 여기서 평등은 개개인 자신의 능력과 소질, 그리고 꿈을 위해서 공평하게 차별받지 않고 주어지는 기회의 평등이지, 개개인의 다양성과 소질, 그리고 능력이 국가나 사회가 정한 획일화된 규범과 규칙, 그리고 도덕에 따라 규정되고 억압받고 차별받는 계량적 평등이 아니다.

하지만 우리 세상은 그렇게 아니, 결코 평등하지 않다. 앞서 말한 인종, 계급, 학력, 지역, 재산, 참정, 문화, 심지어 연령과 성별의 차이에 따른 차별과 불평등이 여느 나라에서나, 여느 사회에서 존재한다. 아직도 전쟁이 끊이지 않는 사실은 바로 이 세상에 결코 존재할 수 없는 것이 바로 평등임을 방증한다.

'모든 인간은 평등하다.'라는 모순된 명제를 위정자와 정치인, 언론인들조차 교과서처럼 악용하며 나불대며, 자기 편의적으로 자기 이익에 맞춰 재단한다. 그들의 평등은 그리스 로마 신화에 나오는 도적이자 연쇄살인범인 프로크루스테스가 만든 침대나 다름없다. 정해진 크기에 조금이라도 벗어나면 무참하게 도끼로 잘라버린다. 심지어 그들조차도 '검은 평등'을 맘속에 품고 있음에 말이다. 겉으로는 '하얀 평등'으로 혹세무민하고 있다.

차라투스트라는 검은 평등을 타란툴라의 독으로 명

시한다. 타란툴라는 독이 강한 거미를 말하는데, 타란툴라에게 물리면 독이 온몸에 퍼지는 과정이 너무 고통스러워 팔다리를 휘저으면서 춤추는 것 같은 동작을 한다고 전해진다. 차라투스트라는 평등을 설교하고 악용하는 자들의 평등은 다양성을 인정하지 않는 **검은** 평등이며 영혼의 복수심을 만들어내는 독거미 타란툴라의 독과 같다고 말한다.

차라투스트라는 이렇게 말한다.

"그대의 영혼에는 복수심이 숨어 있다. 그대가 물면 어디든 검은 부스럼이 자란다. 그대의 독은 복수심으로 영혼에 현기증을 일으킨다. … 평등을 설교하는 자들은 영혼을 어지럽히는 자이며, 타란툴라이며 자신의 몸을 숨긴 채 복수를 노리는 자들이다!"

은밀한 폭군적 광기와 욕망이 평등이라는 이름으로 덕이라는 이름으로 위장되고 자행되고 있다. 이런 자들의 검은 평등은 구겨진 자부심이며 억눌린 질투심이며, 복수의 광기나 다름없다. 평등과 정의를 부르짖으면서, 그것을 도구화하고 이념화하려는 자들을 경계하라고 차라투스트라는 주문한다.

그들에게는 세인들의 찬양 속에서 고통을 안겨주려는 속셈이 늘 도사리고 있다. 세인들을 평등이라는 이름으로 포장한 함정에 빠트리려고 한다. 오히려 정의는

"인간은 결코 평등할 수 없다."고 솔직하게 말한다.

차라투스트라는 이렇게 말한다.

"아름다움 속에는 아직도 투쟁과 불평등이, 그리고 권력과 그것을 넘어서는 권력을 쟁취하고자 하는 전쟁만이 도사리고 있다."

6. 군중의 숭배에 속지 마라

 그리스 철학자 플라톤은 철인정치哲人政治를 주장하면서 이런 말을 남겼다.

 "철학자들이 그들의 나라에서 왕이 되지 않는 한, 또 반대로 왕 또는 지배자로 불리는 이들이 실제로 지혜를 사랑하지 않는 한, 다시 말해 정치권력과 철학이 하나로 합쳐지지 않는 한 국가에 있어서나 인류에 있어서나 나쁜 것들이 종식될 날은 없을 것이다."

 개인적으로 정말 공감이 되는 말이다. 여기서 철학자는 지식을 갖춘 현자이며 지혜를 갖춘 현인으로 설명된다. 그런데 과연 인류역사상 왕이나 지배자가 플라톤이 말한 것처럼 현자나 현인이었던 때는 얼마나 있을까? 플라톤과 함께, 그의 제자 아리스토텔레스도 민주주의의 불합리성과 비효율성을 비판하면서, 이런 명언을 남긴다. "민주주의는 중우정치衆愚政治다." 여기서 중우정치를 풀이하면 '우매한 군중들의 정치'이다.

덴마크의 기독교 실존주의 철학자 키르케고르는 《군중은 비진리다》라는 책에서 군중의 이중성을 이렇게 설명한다.

"군중이 있는 곳에 진리도 있다는 인생관이 있다. 그것은 진리 자체가 필요하며 군중을 편에 두어야 한다는 것이다. 또 다른 인생관도 있다. 군중이 있는 곳에 비진리가 있다는 것이다. 잠시 동안 문제를 결론 짓기 위해 모든 개인이 은밀히 진리를 소유하고 있다고 하더라도, 그들이 군중 속에 모이면 **그래서 군중이 어떤 결단, 투표, 큰소리에 중요한 의미를 둔다면** 비진리는 즉시 받아들여질 것이다."

요즘은 집단지성이라는 용어가 유행이다. 다수의 개체들이 협력하거나 경쟁하여 얻게 되는 지적 능력으로 '모두의 지혜'라고 설명되는 집단지성은, 어떠한 문제가 발생했을 때 여러 사람들이 공유한 지식과 지혜로 해결할 수 있는 긍정적 에너지를 말한다. 이처럼 올바른 집단지성은 모든 군중이 모든 지식을 습득하거나 높은 학력을 갖추고 있지 않더라도, 군중들 한 사람 한 사람이 함께 모아내는 지성은 합리적이며 현명하다고 생각하는 데서 기인한다.

하지만 과연 지금의 군중은 합리적이고 현명할까? 왜 민주주의는 우매한 군중들의 정치일까? 왜 군중은 비진리를 쉽게 받아들일까? 과연 민주주의는 집단지성으로 정의와 평등, 자유를 구현하고 있는 걸까? 세인들의 지지를 받는 현자는 역할을 제대로 하고 있는 걸까? 민주주의를 운영하는 정치인들은 과연 현자의 정치, 다시 말해 철인정치를 하고 있는 걸까?

차라투스트라는 작금의 '유명하다는 현자'들이 놓치고 있는 부분을 꼬집는다.

차라투스트라는 이렇게 말한다.

"유명한 현자들이여! 그대들 모두는 군중과 군중의 미신을 섬겼을 뿐 정작 진리를 섬기기 않았다. 그리고 바로 그 때문에 군중들이 그대들을 공경하고 두려했다. … 그런 이유로 군중들은 그대들의 무신앙을 용인했으며, 주인은 노예에게 방종을 허용하고 그들의 방종조차 즐기기까지 한다."

지금의 유명한 현자, 다시 말해 군중의 인기를 얻고 있다는 그들은 오히려 군중의 숭배를 정당화하려고 애쓰고 있다. 그들은 군중의 숭배를 '진리에의 의지'라고 호도하고 있으며, 군중의 소리가 '신의 음성'이라고 자만하고 착각하고 있다.

하지만 군중의 대변자라고 자처하면서 군중을 자기 뜻대로 몰아가려고 하는 많은 권력자들은 나귀처럼 집요하고 영악하기만 하다. 여기서 권력자는 군중의 숭배에 속고 따르는 그들의 하인이 되고, 군중은 그들의 지도자가 자신을 위한 현자라고 말하면서 동시에 질책하고 비방한다. 군중은 봐야 할 것을 보지 못할 자일뿐만 아니라 보지 않으려고 하는 자이며, 보고도 보지 않았다고 말하는 자들다. 그렇게 거짓 현자와 우매한 군중은 악어와 악어새처럼 공생관계로 결탁되어 있다.

차라투스트라는 이렇게 말한다.

"내가 보기에는 그대들 군중의 하인들이여. … 그대들의 덕은 아직 군중의 수준에 머물러 있다. 눈이 나쁜 군중, 다시 말해 정신이 무엇인지도 모르는 군중 말이다."

7. 밤의 고독을 즐기자

나는 우리나라 가수들 가운데 김 씨 성을 가진 두 명의 가수를 좋아한다. 김현식과 김광석이다. 특히 김현식은 허스키 목소리에 애절한 감성을 묻어나는 노래를 불렀다. 그의 노래들 가운데, 혼자만의 고독에 대한 애잔함을 들려주는 곡이 있다. 1990년 11월 죽음을 앞두고 3월에 마지막 앨범으로 발표된 〈밤의 고독 속에서〉라는 노래다.

**저 창문으로 들어오는 새벽의 공기 속에서
나의 긴 한숨을 내쉬면**

내 작은 방안 가득히 쌓이는 밤의 고독이
아침과 함께 사라지네
그 누가 나의 밤을 밝혀 주리오
그 누가 나의 창가에 노래하리요
나는 긴 밤의 고독 속에 영원히 잠들고 싶소

　이렇게 시작하는 이 노래는, 그해 11월 간경화로 유명을 달리했던 김현식의 마지막 고독의 서정을 애처롭게 들려준다.
　김현식의 노래뿐만 아니라, '밤과 고독 사이'를 에 다룬 노래와 시들은 너무도 많다. 낮과 대비되는 밤은 어둠으로 항상 꿈과 환상, 비밀, 그리고 죽음이라는 상징적 의미에 가까이 있다. 그리고 밤은 혼자만의 시간과 자유, 다시 말해 고독이라는 단어와 함께한다. 이 고독의 밤은 사색의 밤이며, 꿈과 현실 사이를 방황하는 밤이며, 삶과 죽음이 교차하는 밤이며, 공포와 낭만을 저울질하는 밤이다. 그래서 고독의 밤은 신비롭다.
　차라투스트라는 이렇게 말한다.
　"밤이 왔다. 솟아오르는 모든 샘은 이제 더욱 소리 높여 말한다. 나의 영혼도 솟아오르는 샘물이다. 밤이 왔다. 사랑하는 자들의 모든 노래가 이제 비로소 깨어난다. 나의 영혼도 사랑하는 자의 노래가 되었다. … 나는 밤이다. … 내가 빛으로 둘러싸여 있다는 것. 이것이 나의 고독이다!"

밤은 어둠 속에서 홀로 사색하는 시간, 내면을 깊이 있게 들여다보는 시간을 우리에게 선사해준다. 밤은 내 맘 속에서 진정되게도 하지만, 진정될 수 없는 무언가를 내 안에서 밖으로 솟아오르게도 한다. 그래서 밤의 고독은 많은 예술가들에게 영감과 열망, 그리고 상상력을 준다. 이것이 내 영혼의 행복이 된다. 그래서 밤의 고독을 제대로 즐길 줄 알아야 한다.

밤에 대해 니체는 이렇게 말했다.

"밤은 또한 고독의 시간이다. 군중 속에서 벗어나 홀로 있을 때 비로소 자신을 마주할 수 있다. 고독 속에서 우리는 성장하고 창조한다. 밤의 고독을 두려워하지 말라. 그것을 사랑하고 즐기라. 하지만 영원한 밤은 없다. 밤이 지나면 새로운 아침이 온다. 밤의 지혜를 얻었다면 이제 그것을 세상에 나누어야 한다. 밤의 고독에서 얻은 힘으로 낮의 삶을 더욱 풍요롭게 만들어라"

수많은 작가와 화가, 음악가들이 밤 시간에 혼자서 창작을 했다. 프랑스 철학자이자 작가인 미셸 드 몽테뉴도 밤과 고독, 그리고 창작에 얽힌 일화로 유명하다.

아버지가 세상을 떠나자 몽테뉴는 성의 작은 탑을 개조해서 서재를 마련하고 선물로 받은 책들과 자신의 책들을 정리했다.

몽테뉴는 이 탑의 서재를 치타델레라고 불렀는데, 이것은 요새라는 의미를 갖고 있다. 그리곤 밤에 혼자서 세상의 모든 금언들을 벽면에 새겨놓고는, 그것을 재료로 삼아서 책을 썼다. 그렇게 탄생한 역작이 자아를 철학적으로 탐색하는 글인 《에세》이다. 몽테뉴에게 밤의 고독은 세상 이치와 진정한 자아를 발견하고 깨닫는 창조의 순간이었다.

차라투스트라는 이렇게 말한다.

"밤이 왔다. 아, 내가 빛이어야 하는가! 밤과 같은 것에 대한 갈망이여! 고독이여! 밤이 왔다. 지금 나에게 열망이 샘물처럼 솟아오른다. 말하고자 하는 열망이. 밤이 왔다. 이제 솟아오르는 모든 샘물은 더욱 소리 높여 말한다. 나의 영혼도 솟아오르는 샘물이다. 밤이 왔다. 이제 비로소 사랑하는 자들의 모든 노래가 깨어난다. 나의 영혼도 사랑하는 자의 노래가."

8.
지혜는 삶의 나침반이다

　지혜란 무엇인가? '세상의 이치를 깨닫고 만물의 원리를 이해하는 정신적 능력'이라고 사전은 적고 있다. 학교에서 교육받고 사회에서 성장하면서 얻게 되는 정보나 기술을 의미하는 지식과 달리, 지혜는 사리를 분별하는 능력이다. 이 지혜는 지각과 경험, 그리고 이성적 판단에서 나오기도 하지만, 논리적으로 증명할 수 없는 직관이나 통찰에서 나오기도 한다.

　그래서 지식은 수치적 점수를 매길 수 있지만, 지혜를 수치화한다는 것은 아마 불가능할 것이며, 지혜의 깊이를 재는 것도 불가능할 것이다. 지식은 시험으로 점수를 매길 수 있지만, 지혜는 시험으로 측정이 안 된다. 그래서 지혜를 갖춘 자를 '현명하다' '슬기롭다' '통찰력 있다' '총명하다'고 부르기도 한다. 여기서 재미난 점은 지식이 많은 자는 부러움의 대상이 되지만, 지혜가 높은 자는 존경의 대상이 된다.

세상에서 가장 지혜로운 자는 누구일까? 동양 철학의 공자, 맹자를 시작으로 서양 철학의 소크라테스, 플라톤으로 이어지는 무수한 철학자와 사상가를 비롯하여, 역사에서 지혜로운 자는 끝이 없을 것이다. 그럼에도 소크라테스가 가장 지혜로운 자가 아닐까 한다.

소크라테스가 마흔 살이 되던 무렵, 그의 친구이자 제자인 차이레폰이 델포이 신전에 가서 아폴론 신전에 이렇게 물었다.

"아테네에서 가장 현명한 사람은 누구입니까?"

그러자 신전의 무녀는 이렇게 답했다.

"소포클레스는 현명하다. 유리피데스는 더욱 현명하다. 그러나 소크라테스는 모든 사람들 가운데 가장 현명하다."

왜냐하면 소크라테스가 '무지無知의 지知'를 역설했다는 점에서, 스스로가 지혜가 없음을 가장 잘 아는 사람이었기 때문이다. 그는 세상 사람들에게 지혜를 사랑하는 자만이 영혼을 잘 가꿔 진정한 행복에 도달할 수 있다는 가르침을 몸소 보여주었다. 그래서 소크라테스는 철학에서 항상 그곳에 떠 있으면서 항상 방랑자들의 길잡이가 되어 주는 북극성이나 다름없다.

그런 점에서 지혜는 삶의 난관과 어려움을 헤쳐 나가게 해주는 나침반이나 다름없다. 지식이 많은 의사와 지혜가 높은 의사는 각자 담당하는 분야가 다르다. 전자가 몸을 다룬다면 후자는 심리를 이해한다. 그래서 지식이 부와 건강함을 줄 수 있는 반면, 지혜는 소크라테스의 말대로 행복을 선물한다.

차라투스트라는 이렇게 말한다.

"내가 온몸으로 사랑하는 것은 오직 삶이다. 내가 삶을 증오할 때 진정으로 삶을 사랑한다. 내가 지혜에 대해 다정하게, 때로는 지나치게 다정하게 대할 때 지혜가 나에게 삶을 통찰하게 해준다. 지혜는 나름대로의 눈과, 나름대로의 웃음과, 심지어 작은 황금 낚싯대를 갖고 있다. 삶과 지혜는 어찌 이토록 닮았단 말인가."

그래서 지혜는 그 끝이 없으며, 때론 지혜는 사납고 고집이 세고 변덕스럽다. 때로는 지혜는 기만적이며 냉혹하기까지 하다. 그러하기에 오히려 지혜는 나에 대해서 나쁘게 말할 때, 내 삶을 제대로 눈 뜨게 만든다. 저 깊은 내면의 심연 속에서 올라오는 진정한 정신의 소리가 된다. 이제 비로소 지혜는 냉철한 이성이 된다.

차라투스트라는 이렇게 말한다.

"아, 그러면서 그대는 다시 **지혜의** 눈을 떴지. 아, 사랑하는 삶이여! 그리고 나는 다시 바닥 모를 심연 속으로 가라앉는 것 같았다네!"

9. 내 청춘의 무덤에 누가 침을 뱉으랴

    20년만에 대학 동기들과의 야유회가 열리던 어느 날, 반쯤 실성한 모습의 한 남자가 나타난다. 동기들과 어울리다가 갑자기 그는 고함을 치며 야유회를 난장판으로 만들어 버린다. 이 남자의 광기는 극에 달하고, 그는 급기야 철교 위에 올라가 달려오는 열차를 향해 울부짖는다. "나 다시 돌아갈래!" 그렇게 영호는 과거로 돌아가고, 마지막에 대학 동기들과 야유회를 했던 20년 전 꿈 많고 순수했던 청년시절로 되돌아간다. 20년 동안 그에게 대체 무슨 일이 있었던 걸까?

    소설가이자 영화감독인 이창동의 동명 소설을 영화

로 만든 〈박하사탕〉1999은 굴곡 많은 비극의 한국 현대사에서 순수했던 청년이 어떻게 망가지고 타락한 장년이 되어갔는지를 보여준다. 소설적 연출이 돋보이는 이 영화는 영호의 시간을 역행으로 추적해가면서, 인간이 얼마나 외부적 환경에서 나약한지를 씁쓸하게 곱씹게 만든다. 대체 어느 누가 이 가련한 남자의 청춘의 무덤에 함부로 돌을 던지랴!

니체를 거론하지 않으려 했지만, 청춘의 무덤을 이야기하려면 우리는 니체의 삶을 한 번 되새김해야 한다. 루터교 목사의 아들로 태어난 니체도 아마 젊은 철학도였을 때는 순수하고 세상에 대한 희망찬 눈이 가득했으리라. 니체는 어렸을 때 가족의 죽음을 경험하면서 적잖은 충격을 받았을 것이다.

아버지는 니체가 5살 때 뇌질환으로 세상을 떠났고 4살 어린 남동생 요셉은 태어난 이듬해에 죽었다. 그렇게 21살 청년이 된 니체는 쇼펜하우어의 염세철학을 알게 되면서 세상을 바라보는 눈을 달리하게 된다. 그렇게 첫 책 《비극의 탄생》은 승승장구할 것 같았던 니체의 삶을 뒤집어 놓았다. 이처럼 죽음과 같은 청춘 시절이 없었다면, 지금의 니체는 존재할 수 있었을까?

차라투스트라는 이렇게 말한다.

"저기에 무덤의 섬, 침묵의 섬이 있다. 저곳엔 내 청춘의 무덤도 있다. … 그것은 내 청춘의 환영과 현상들이며 신성한 순간들이다. 하지만 그것은 너무 일찍 죽었다. 하지만 그것들이 내게서 너무 빨리 달아난 것도 아니며, 내가 그것에서 달아난 것도 아니다. 우리의 불성실함, 그 책임은 우리 모두에게 있지 않다."

영화 제목인 '박하사탕'에는 박하사탕의 청아한 색과 달콤한 맛이 마치 첫사랑의 순수한 시간으로 돌아가고 싶은 영호, 아니 우리 모두의 바람이 녹아 있다. 청춘은 그렇게 허무하게 흘러간다. 아니 청춘은 그렇게 빨리 죽는다. 이 모진 사회 속에서, 순간순간 불충실했던 우리의 삶 속에서. 뒤늦게 청춘의 무덤 앞에서 울어 봐도 호소해 봐도 간곡해 봐도 다시 그때로 되돌아갈 수 없다.

산울림은 이렇게 노래한다.

언젠간 가겠지
푸르른 이 청춘
지고 또는 피는 꽃잎처럼
달밝은 밤이면 창가에 흐르는
내 젊은 연가가 구슬퍼
가고 없는 날들을 잡으려 잡으려
빈손짓에 슬퍼지면

차라라 보내야지 돌아서야지
그렇게 세월은 가는 거야

그리곤 차라투스트라는 이렇게 대답한다.

"한때 좋았던 시절에 나의 순결함은 '하루하루가 내게 성스러운 것들이었다.'라고 말한다. 한때 내 젊은 시절이 지혜는 말한다. '진실로 즐거운 지혜의 말이었다.'고."

10.
자기 극복의
의지로
나아가라

    그리스 신화에서 인간으로서 가장 힘든 숙명과 가혹한 난관을 매번 이겨내고 영광스런 신탁을 쟁취하여, 트로이 전쟁에서 트로이 목마를 고안하여 트로이를 멸망시킨 영웅이 바로 오디세우스다. '계략이 많은' '참을성이 많은' '도시의 파고자'라는 별명을 가진 오디세우스는 트로이 전쟁에서 승리를 얻음으로써, 그리스 이오니아 해의 섬나라 이타카의 왕이 된다.

    하지만 전쟁을 끝내고 고향인 이타카로 돌아가는 오디세우스의 여정은 목숨을 내건 험난한 과정이었다. 가는 길마다 온갖 괴물들이나 식인종들과 마주쳐 싸워서

도망 다녀야 했으며, 바다에서는 세이렌의 유혹을 이겨내야 했다. 이것 외에도 무수한 난관과 고난, 모진 풍파를 극복하면서, 그는 20년이 넘는 표류하는 인생을 마무리한다. 그래서일까? 오디세우스라는 이름은 '여정이나 여행'을 의미하게 되었다.

호메로스는 오디세우스를 신의 가혹한 신탁에도 불구하고 유한한 삶을 긍정적으로 받아들이고 외부의 적은 물론, 내부의 갈등과 고통을 단호한 용기와 행동으로 혹은 분노와 충동마저도 잘 조절하여 자기 극복을 이뤄낸 영웅의 대명사로 그려냈다. 이것이 차라투스트라가 말하는 초인, 위버멘쉬다.

"세상은 넓고 할 일은 많다."라는 말이 한때 유행한 적이 있었다. 한국 밖의 세상, 아시아 밖의 세상, 그리고 이 지구 위의 세상에는 다양한 문화와 역사를 가진 나라들이 많다. 누군가는 따스한 휴양지를 좋아하고, 누군가는 히말라야 산을 등반하는 것을 좋아하고, 누군가는 수백 킬로미터에 이르는 순례길을 좋아하고, 누군가는 화려한 도시를 좋아하고, 누군가는 고대 유적지를 좋아한다. 여기서 분명한 것은 미지의 세계는 호기심을 자극하기도 하지만, 뜻하지 않는 불안감을 주기도 한다.

우리의 삶도 마찬가지다. 과거나 현재의 삶이 아닌 미래의 삶은 불안하고 불안정하고 불확실하다. 우린 익숙한 공간과 사람들에게 벗어나는 것이 쉽지 않다. 단순히 공간을 독립한다고 해서 성장하는 것은 아니다. 정신적 독립과 함께 낯선 공간으로의 독립을 이뤄내어야 스스로 독립했다고 말할 수 있으며, 그것이 기존 삶에 대한 극복을 이뤄내는 길이라고 할 수 있다. 오디세우스가 자신의 미래에 대한 신탁적 명령을 받은 것처럼, 우리의 삶도 나이가 들고 철이 들면 세상 밖으로의 독립이라는 사회적 명령을 받는다.

차라투스트라는 이렇게 말한다.

"내가 보기에는 모든 명령에는 시도와 모험이 따른다. 생명이 넘치는 것이 명령을 내릴 때는 언제나 자신의 목숨을 걸기 때문이다. … 그 대가를 치러야 한다. 생명이 넘는 것은 자신의 율법에 대한 재판관이 되어야 하며, 복수하는 자, 그리고 희생물이 되어야 한다."

미지에 대한 불안과 두려움에도 무언가를 이루고자 하는 사람, 다시 말해 생명이 넘치는 사람은 권력에의 의지를 발견하게 되며, 주인이 되고자 하는 자기 극복의 의지를 발견하게 되어 있다. 모험을 감행하고 위험을 무릅쓰고 죽음을 내건 주사위 놀이를 하는 것이 가장 위대한 사람으로 가는 헌신이 된다.

차라투스트라는 이 헌신을 이뤄내기 위해서 생명에의 의지, 목적에의 충동, 좀 더 높은 것, 좀 더 멀리 있는 것, 좀 더 다양한 것에 대한 충동을 가지라고 주문한다. 왜냐하면 이 충동이 자기 자신을 극복해야 하는 의지를 만들어내기 때문이다.

차라투스트라는 이렇게 말한다.

"오직 삶이 있는 곳, 그곳에 또한 의지가 있다. 그러나 궁극적으로 나는 그대에게 말하는 것은 삶의 의지가 아니라 권력에의 의지다!"

11. 현대인의 교양은 가면이다

교양이란 무엇인가? 사전적 의미는 '개인의 인격과 학습에 관한 지식과 상식'을 말한다. 교양은 그리스어 '파이데이아paideia'와 유사하다. 파이데이아는 고대 그리스 폴리스의 이상적인 시민을 길러내고 교육하던 과정을 일컫는다. 이 당시 파이데이아는 실용적 학문으로 인간을 사회화하는 데 적합하도록 만들어진 것으로, 이상적인 시민이라면 지적·윤리적으로 이런 세련된 교육을 받아야만 했다. 이것이 현대에 와서 '교양'으로 바뀌었다.

그렇다면 교양인은 어떤 사람일까? 나라와 시대마

다 조금씩 다르겠지만, 공통분모를 갖는 의미는 있다. 동서고금을 막론하고 교육과 학력을 갖춘, 혹은 고급스러운 문화적 취향을 갖춘, 흔히 부르주아적 매너를 제대로 갖춘, 풍부한 학식과 깊은 지식을 갖춘 지식인이나 상류 계급의 사람들을 교양인으로 간주하는 것은 일반적이다.

한 마디로 말해, 교양인은 사회적으로 인정받을 수 있는 지성과 감성을 고루 갖춘 사람을 지칭한다. 하지만 현대에서 '교양인'이란 단어는 자신의 학력과 지식으로 '젠 체하거나 거들먹거리거나, 아는 척하면서 입 바른 소리를 하는 사람'으로 치부되는 경향이 짙다. 그만큼 이제 현대 미디어 사회에서 교양은 포장되고 재생산되고 미디어화되고 있다. 좁고 깊은 지식보다 넓고 얕은 지식과 요약된 정보를 요구하는 시대가 되었다.

인간의 미래가 궁금했던 차라투스트라는 미래 속으로 날아갔다가 다시 자신의 시대인 현실로 되돌아왔다. 하지만 다시 돌아온 현실은 이전의 그 시절이 아니었다. 어느새 오늘의 시대는 교양과 계몽의 시대로 바뀌어 있었다. 교양과 계몽은 온갖 잡다한 지식과 천박한 욕망이 뒤엉켜져 있었다. 그런 시대를 지배하는 것은 지식과 교양, 그리고 과학으로 무장했다고 자부하는 지식인들과 학자들이었다.

차라투스트라는 이렇게 말한다.

"나는 뒤돌아 고향으로 날아갔다. 이렇게 나는 그대를, 현대인들에게로, 교양의 나라로 돌아왔다. 처음으로 나는 그대들을 위한 눈과 그들을 위한 선의의 열망을 가지고 왔다. 참으로 나는 나의 마음속에 동경을 가지고 돌아왔다. 그러나 무슨 일이 일어났던가? 나는 매우 불안하긴 했지만 웃음을 참을 수 없었다. 내 눈은 지금껏 이처럼 알록달록한 반점투성이**장식밖에 없는 잡다함**를 본 적이 없었다."

교양이 난무하는 현대 사회는 그야말로 모든 물감통의 고향이나 다름없으며, 오십 개의 거울에 둘러싸인 교양인들은 유희에 아첨하고 흉내를 내고 있다. 그들은 자신보다 더 못한 가면을 쓰고도, 그 가면이 자신의 위신을 세워줄 것이라고 믿고 있다. 차라투스트라는 "어떻게 알록달록한 반점투성이인 교양인들이 어떻게 제대로 된 신앙을 가질 수 있겠는가?"라고 반문한다. 이 시대는 그들이 내뿜는 허망한 꿈과 소란스런 수다들로 가득하다. 하지만 이제 이들의 끝이 보이기 시작한다.

차라투스트라는 이렇게 말한다.

"모든 것은 멸망할 가치가 있다!"

12. 순수로 가장한 위선은 음탕하다

　봉준호 감독의 영화 〈기생충〉은 2019년 5월 21일 프랑스 칸 영화제에서 만장일치로 황금종려상을 수상한 데 이어, 골든 글로브 시상식에서 외국어영화상을 수상했다. 이 영화는 우리 사회에 만연해 있는 출신성분과 계급의 차별, 빈부의 격차와 모순, 부자와 가난한 자의 위선과 반목을 블랙 코미디 서스펜스로 절묘하게 영상화한 것으로 찬사를 받았다.

　여기서 칸 영화제의 황금종려상 수상 이후 미디어의 민낯이 드러나는 아이러니한 상황이 벌어진다. 미디어는 감독 봉준호의 가족, 형제, 친지, 학력을 거론하면서 엘리트 집안의 엘리트 영화감독이라고 기사화한다. 심지어 예술가와 학자 집안의 혈통과 DNA가 지금 최고의 영화감독 자리에 오르게 했다고 찬양한다. 결국 봉준호의 영화 〈기생충〉이 말하고자 했던 사회적 메시지는 정작 '봉준호 신화화'에 묻혀버리고 만다. 그렇다면 부자 엘리트가 말한 이 사회의 모순은 위선인가? 그럼 봉준호는 위선자일까, 아니면 미디어가 위선자인가?

위선偽善, hypocrisy은 '선으로 위장하는 것, 다시 말해 거짓된 선'이다. 겉으로만 착한 척하고 겉으로만 순수한 척하는 행동이다. 이런 기술을 '위장술', 이런 위선을 행하는 자를 '위선자'라고 말들 한다. 여기서 대체로 위선자의 위선술은 어느 정도 계획되었거나 의도적이라는 점이 중요하다.

위선에는 두 가지 종류의 위선이 있다. 하나는 선한 행동인 것처럼 꾸며서 실제로는 악한 행동을 하는 것이며, 다른 하나는 진심은 없지만 사회적 도덕에 의해서 강제적으로 선한 행동을 하는 것이다. 여기서 무서운 것은 전자다. 왜냐하면 전자의 행동은 의도적으로 상대를 기만하고 악행을 저지를 목적이 다분하기 때문에, 후자보다 훨씬 더 위험하다.

선과 순수의 탈을 쓴 위선자는 자신의 악의를 드러내지 않기 위해서 진실과 정직을 호도하게 되어 있다.

왜냐하면 위선은 악의 본질을 흐리게 만들기 때문이다. 따라서 위선은 부정한 행위를 정당화하거나 세탁하기 위해서 도덕적으로 타락할 수밖에 없다. 이것이 바로 위선의 음탕함이다. 위선은 누군가에게 상처를 주기 때문에 선의 거짓말과 다른 차원의 중죄다.

차라투스트라는 이렇게 말한다.

"내가 말하는 이 비유는 감상적인 위선자를 향한 것이다. 그들은 음탕한 자다. … 그들의 사랑에는 수치심과 양심의 가책이 없다. 땅 위에 슬금슬금 걸어 다니는 달과 닮았다. … 자신의 수치심을 피하려 샛길과 거짓의 길을 걷는다."

공자는 "온 세상 사람들이 칭송하는 사람이라도 한번쯤 의심해봐야 하고, 온 세상 사람들이 비난하는 사람이라도 한번쯤을 되돌아봐야 한다."고 말했다. 한편 신약성경 마태복음에서 '예수 그리스도는 위선자 서기관과 바리새인들에게 화禍가 있을 것이라고 말씀하셨다.'고 기록되어 있다. 한편 단테는 《신곡》의 '지옥편'에서 '위선자들은 겉은 금이지만 속은 납으로 된 무거운 옷을 입고 영원히 행진하는 벌을 받는다.'라고 적었다.

차라투스트라는 이렇게 말한다.

"그대들과 그대들의 식탁 주위에는 언제나 기분 나쁜 공기가 떠돌고 있다. 그대들의 탐욕스런 생각, 그대들의 거짓말과 비밀이 공기를 감싸고 맴돌고 있다. … 나는 **그대들에게서 풍기는** 뱀의 더러움과 지독한 악취를 몰랐다. 도마뱀의 사악한 간계가 음탕한 마음으로 여기저기를 기어 다니고 있는 것도 몰랐다. … 대지를 향해 이글거리고 불 타 오르는 태양의 사랑이 찾아왔다. **위선의 달**의 연애질은 이제 끝났다."

13. 위선적인 학자를 믿지 마라

곡학아세曲學阿世라는 말이 있다. '학문을 굽혀 세상에 아첨한다.'라는 의미로, 세상에 대한 이치와 지식을 올바로 밝혀 군중을 올바른 길에 닿도록 해야 하는 학자가 오히려 세상의 인기를 얻어 학자로서의 양심을 버리고 학문을 왜곡하는 행동을 일컫는다. 다시 말해 '배운 도둑이 더 무섭다.'라는 말이다. '곡학아세'는 중국 사상가 사마천의《사기》'유림열전 원고생편'에 나오는 사자성어다.

아마도 위선의 자리에 첫 번째로 가장 높은 위치에 있는 자들이 정치인이라면, 두 번째로 가까운 자들이 학자들이 아닐까 한다. 학자는 지식인으로서 본분을 지키고 국가와 위정자에 의해 왜곡된 진실과 지식을 올바르게 세상에 전달할 의무가 있다. 그럼에도 자신의 입신양명을 앞세워 돈과 아부와 결탁하여 도덕적으로 올바르지 못한 행동과 결정을 하는 학자**법관**들이 예나 지금이나 너무 많다.

차라투스트라는 이렇게 말한다.

"학자들은 늘 서늘한 그늘 속에 시원하게 앉아 있다. 그들은 모든 일에서 있어서 구경꾼이 되고자 한다. … 학자들은 기다리면서 다른 사람들이 생각해낸 사상들을 멍하게 바라본다. … 그들은 현명한 체하지만, 나는 그들의 보잘 것 없는 잠언이나 진리에 오싹한 추위를 느낀다. 마치 늪에서 생겨나기라도 한 것처럼 그들의 지혜에서 종종 악취가 풍긴다."

프랑스 철학자 장 자크 루소는《학문과 예술에 대하여》에서 학자들이 대중의 칭찬에 영합하기 위해서 학문을 왜곡하는 행위를 통렬하게 비판했다. 이제 상아탑의 전당이라는 대학에서 학문은 더 이상 삶의 지침이나 깨달음을 위한 것이 아닌지는 오래됐다.

'옛날 학자들은 자신을 위함이었지만 지금의 학자는 남을 위한다.'라는 공자의 말처럼, 학문은 남에게 과시하거나 인정받기 위한 증명서가 되었다. 학자들은 겉으로는 이상과 정의를 말하지만 실제로는 자신의 명성과 이익을 추구하는 위선자의 직업이 되고 있다.

또한 학자들 가운데 실천하지 않는 학자들이 쉽게 찾아 볼 수 있다. 이론과 실천이 병행하지 않는 학자들은 세상을 객관적으로 보기 위해서 세상과 멀리 거리를 둔다고 자기합리화를 하려고 한다. 그들은 문헌의 인용과 이론에 더 목숨을 걸면서, 미디어에서는 사회에 대해 냉혹하게 비판하고 평가한다. 그들은 그것이 학자의 품위라고 믿는다. 그들은 남의 것을 재단하고 이어 맞추고 편집하고 비방하는 일에 더 익숙하다. 심지어 남의 성과를 갈취하는 학자들도 있다.

차라투스트라가 말한 위선자로서의 학자에 대한 이런 비판에는 니체가 젊은 시절 교수로 재직하면서 경험했던 학자들의 추악한 민낯이 고스란히 담겨 있다.

차라투스트라는 이렇게 말한다.

"그들은 서로서로 감시의 눈길을 보내면서 상대방을 잘 믿지 않는다. … 나는 그들이 언제나 조심조심 독을 조제하고 있는 것을 보았다. … 그들은 속임수로 주사위 놀이를 하는 법을 너무나 잘 알고 있다. … 그들은 그 누가 그들의 머리 위로 걸어 다니는 소리를 들으려고 하지 않는다. … 그들은 자신과 나 사이에 모든 인간적인 결함과 약점을 깔아 놓는다."

또 차라투스트라는 이렇게 말한다.

"내가 원하는 것을 그들은 감히 알지도 못하며 원해서도 안 될 것이다!"

14.
가짜 시인의 비유를 믿지 마라

　우리는 시를 왜 읽을까? 정서적 위안과 공감을 얻기 위해서, 침잠한 나의 정체성을 찾기 위해서, 문학적 교양을 키우기 위해서, 국어시험을 잘 보기 위해서, 남들에게 잘난 체하기 위해서, 창의력과 사고력을 키우기 위해서, 타인이나 세상에 대한 깨달음을 얻기 위해서, 그것도 아니면 시인의 문체가 좋아서, 그것도 아니면 시를 통해서 우회적으로라도 심리적 안정을 찾기 위해서?

　시를 읽는 목적은 다양하겠지만, 사실 시는 우리에게 지식이나 교양과 정답을 주지 않는다. 시는 자기계발서처럼 우리에게 이래라 저래라 훈계하지도 않으며, 못했다고 핀잔을 주지도 않는다. 대부분의 시는 우리에게 사색과 감동을 주면서, 삶에 대한 위로와 내밀한 위안, 그리고 자기 성찰의 시간을 선사하는 문학이다.

그래서 시인은 그냥 자신의 생각을 시를 통해 읊조릴 뿐이다. 시인은 객관적 사실 너머에 있는 의미를 주관적 시각과 감정을 투영하며 묘사하여 표현하려고 한다. 그들은 다양한 수사법과 비유법으로 삶의 본질과 진실을 이야기하려 한다. 이것이 설령 문법이나 사실에 맞지 않더라도 우리는 그것에 감응한다. 그것이 바로 시적 허용이다. 그래서 '시인의 시가 참이다, 거짓이다.'라고 판단하는 것은 그렇게 쉬운 일이 아닐 뿐더러 무의미하다. 시는 논리학이 아니기 때문이다.

그럼 시인이란 누구인가? 신경림 작가는 "시인이란 자신의 사상이나 감정을 보다 쉽게, 보다 힘 있게 표현할 수 있는 능력을 획득하고 있는 사람이다."라고 이야기했으며, 폴란드 현대 시인 타데우시 루제비치는 "시인은 거짓을 말하는 사람이고 거짓에 속는 사람이다."라고 썼으며, 실존주의 철학자 키르케고르는 "마음속 깊은 고통과 고뇌를 지니고 있지만, 그것을 아름다운 음악처럼 표현하는 불행한 사람이다."라고 말했다. 이처럼 시인에 대해서도 다양한 관점이 있다.

그렇다면 차라투스트라는 왜 시인을 경계하라고 했

을까? 사실 니체도 차라투스트라도 시인임에도 말이다.

니체는 불멸과 영원한 정신성을 문학으로 노래한 괴테를 이렇게 비판한다.

"괴테의 불멸은 단지 시인의 비유에 지나지 않으며, 곤욕스러운 신도 시인의 허구가 만든 것이다. 정신이든 물질이든 영원한 것은 없으며, 신체가 있으며 생성과 소멸이 있을 뿐이다. 그런데 영원한 정신성을 노래하고 불멸을 예찬하는 시인의 비유는 거짓말이나 다름없다."

차라투스트라는 이렇게 말한다.

"시인들은 거짓말을 너무 많이 한다. 차라투스트라도 시인이다. … 사실 우리는 거짓말을 너무 많이 한다."

그렇다면 차라투스트라는 왜 시인이 거짓을 말한다고 생각했을까?

차라투스트라는 이렇게 말한다.

"우리는 아는 것도 너무 적고 배우는 데도 서툴다. … 그러나 모든 시인들은 믿고 있다. 하늘과 땅 사이에 있는 사물들에 대해 안다고, 자연 자체가 그들과 사랑에 빠졌다고, 자연이 그들의 귀에 은밀한 말과 감미로운 사랑의 밀어를 속삭인다고…."

차라투스트라는 시인은 비유와 궤변으로 이야기한다고 생각했다. 모든 신들도 시인의 비유이자 궤변에서 탄생한 것이다. 그들은 얕은 바다며, 그들이 타는 모든 하프 소리**아마도 시인들의 시나 말**는 유령이 지나가는 소리처럼 들린다. 그들은 순수하지 못하며, 자신들의 바다가 깊어 보이게 하려고 모든 물을 흐려놓는다. 그럼에도 그들은 화해자의 행세를 한다. 무수한 과장과 수사법으로 말이다.

차라투스트라는 이렇게 말한다.

"그들은 바다에서 허영심을 배웠다. 바다야 말로 공작 가운데 공작이 아니던가!"

그런데 차라투스트라도 시인이다. 선지자 같은 시인.

15. 진정한 구세주는 누구인가?

　인류 역사상 영원한 종교적 분쟁지역인 이스라엘과 팔레스타인 사이에서 어느 날, 난민들을 이끌고 영적인 사건을 일으켜 신도들을 모으는 이상한 청년이 나타난다. 알 마시히라는 이름은 가진 이 청년은 모래 폭풍을 일으켜 적을 물리치고, 처음 보는 사람의 이름과 과거를 알아맞히고, 감옥에서도 쥐도 새도 모르게 탈출하여 하루아침에 텍사스에 나타나고 총에 맞은 어린 아이를 낫게 하고, 텍사스의 토네이도를 물리치고, 링컨 기념관 앞 호수에서 물 위를 걷는 등 기적을 보여준다. 마치 재림 예수처럼 행세하는 이 청년이 세계적으로 주목을 끌자, 이를 수상하게 여긴 미국 CIA가 이 남자가 사기꾼이라고 말하면서 그의 정체를 밝히려고 한다.

  이 이야기는 2020년 1월 1일에 넷플릭스에서 방영된 미스터리 드라마 〈메시아〉의 내용이다. 고구마 같은 무수한 떡밥이 깔려 있었지만 시즌 2가 여러 이유?로 무산되는 바람에, 그 드라마의 결론이 어떻게 날지는 현재로선 감독과 작가만 알 것 같다. 그렇다면, 과연 알 마시히라는 예수처럼 무수한 기적을 보였으니 재림 예수일까? 아니면 미국 CIA나 이스라엘 정보부가 주장하는 것처럼 희대의 사기꾼 아니면 적그리스도인가? 어쨌거나 병든 자를 낫게 하고 죽음에 이른 자조차 부활시켰으니. 이보다 더한 구세주의 증거가 어디 있겠는가!

  마태복음 15장 30절에서 31절에는 시장에서 예수 그리스도가 자신이 구세주임을 증명하기 위해서 만인들이 보는 앞에서 앉은뱅이를 일으켜 세우고 병자들을 낳게 하는 기적을 행하는 장면이 나온다. 그 이후 지금까지 세인들에게 진정한 구세주로서 인정을 받기 위해서는 예수와 같은 기적을 행해야 한다. 달리 말해, 이런 기적을 행하지 못하는 자는 구세주가 될 수 없으며, 이런 기적이 구세주라는 증빙서류가 되어 버렸다.

  어느 날 차라투스트라도 이런 시험을 당하게 된다. 큰 다리를 건너던 차라투스트라에게 불구자와 거렁뱅

이들이 그를 에워싸자, 꼽추 하나가 그에게 "사람들을 가르쳐 설복하려면 먼저 나의 몸을 고쳐 온전한 모습을 보여주는 것이 좋을 거다."라고 말을 한다. 구세주로서 인정받으려면, 꼽추를 고치는 능력을 보여 달라는 것이다. 하지만 차라투스트라는 예수와 달리, 이런 악마들의 시험에 쉽사리 넘어가지 않는다. 오히려 육체적 병이 나아서 생길 해악이 가져올 불행을 더 경고한다.

차라투스트라가 이렇게 말한다.

"꼽추에게서 그 혹을 떼어내면, 그에게서 정신을 떼어내는 것이다. 그리고 장님의 눈을 뜨게 하면, 그는 이 세상에서 더 나쁜 것들을 보게 된다. 절름발이를 달리게 하면, 그의 악덕과 함께 달리게 된다."

여기서 니체는 구세주 차라투스트라를 통해서 기독교들의 왜곡된 구세주상을 통렬하게 비판하고 있다. 병자를 낫게 하는 기적을 보여주면 믿겠다는 세인들에게 차라투스트라는 생물적 병자보다 더 무서운 건 정신적 병자가 되는 것임을 오히려 반문한다. 인간이 육체적으로 멀쩡하다고 해서 과연 정신적으로 온전한 사람일까? 육체적 허위에 가려져 정신적 병자의 위선을 간과하는 행위가 오히려 자신의 결핍을 깨닫지 못하는 '뒤집어진 **혹은 전도된** 불구자'를 만든다.

그렇다면, 누가 이 뒤집어진 불구자를 구원할 수 있

는가? 의지로써 창조하는 자만이 구원자가 될 수 있다. 우리 모두는 삶 앞에서는 불구자임을 인정하고 극복할 수밖에 없다. 삶은 고통과 복수의 연속이다. 구원자는 의지로써 고통 받는 모든 것에게 복수하는 자다. 결코 이전의 자신으로 다시 되돌아갈 수 없다는 불굴의 의지로 삶에 복수해야 한다. 의지는 나를 옭아매는 삶에 대한 복수의 정신이며, 인간들의 최상의 성찰이다.

    차라투스트라는 이렇게 말한다.

    "의지는, 권력에의 의지는 모든 화해보다도 더 높은 것을 의욕해야 한다."

16. 실천하는 자는 지혜로운 자다

　니체는 《차라투스트라는 이렇게 말했다》에서 '인간적 지혜'를 독일어로 'Menschen-klugheit'로 기술했다. 독일어 'klugheit'는 '영리' '신중' '총명' '지혜' 등을 의미한다. 어떤 책에는 이 단어가 '인간적 신중함'으로 번역되어 있다. 한편 철학적으로 이 단어는 '올바르게 행동하는 능력과 실천적 지혜'를 의미하는 그리스어 프로네시스phronesis에서 유래됐다고 한다.
　프로네시스는 그리스 철학자 아리스토텔레스의 《니코마스 윤리학》에 나오는 단어로, 영혼의 이성적인 부분으로 설명된다. 여기서 영혼의 이성적 부분은 이론적

이성과 실천적 이성으로 나뉘는데, 전자에 해당되는 것이 지성이나 지혜. 그래서 'Menschen-klugheit'를 '실천하는 인간의 지혜' '지혜로운 인간'으로 번역하는 학자도 있다. 어쨌거나 지혜는 신중하고 경건하고 총명하면서 실천으로 이어져야 한다는 점은 이견이 없는 것 같다.

그런데 이 지혜는 양면성을 갖고 있다. 도덕적으로 선하고 유익한 것과 교활하고 약삭빠르고 기만할 수 있는 것. 그래서 플라톤은 신중한 지혜에는 절제와 용기가 필요하다고 생각했다. 한편 스토아 학파는 지혜를 신성한 세계 질서와 인간의 자아실현 사이의 중재자로서 선과 악을 초월한 정신으로 간주하면서, 지혜로운 자는 자신의 행동을 세상의 구원에 부합하는 방식으로 조직해야 한다고 주장했다. 결국 여기서도 지혜는 행동이나 실천, 그리고 인간과 결부된다.

세상에는 별의별 인간들의 종류가 있다. 차라투스트라는 자신이 산에서 시장으로 내려갔을 때, 정작 자신을 기다리던 것은 저 편의 세계 주장론자, 염세주의자, 거짓 지식인, 도덕숭배자, 대중 선동가, 거꾸로 된 불구자 등과 같은 말종 인간들뿐이었다고 기술한다. 하지만 진실로 실천하는 자는 인간들 사이에서 이런 지혜를 사용할 것을 주문한다.

차라투스트라는 이렇게 말한다.

"그러므로 인간들 사이에서 배고픔과 갈증에 시달리고 싶지 않은 어떤 잔으로든 마실 줄 알아야 한다. 그리고 인간들 사이에서 정결하게 남고자 하는 자는 더러운 물로도 씻을 줄 알아야 한다."

차라투스트라는 실천하는 인간의 지혜는 기존 도덕의 허무를 극복하고 자신의 가치와 자유의지를 창조하는 삶의 의미와 창조를 스스로 부여하는 것이라고 말한다. 더 이상 초월적 가치에 의존하지 않고 현실 세계, 다시 말해 대지를 긍정하면서 스스로 목적지를 선택하고 나아갈 것을 주문한다.

초인이 자신에게 어울리는 거대한 용을 가지려면 작열하는 태양이 축축한 원시림을 더욱 달궈야 하듯이, 인간도 도덕과 나약함에서 벗어나기 위해서 스스로의 지혜를 태울 줄 알아야 한다. 이것이 극복이며 실천이며 투쟁이다.

차라투스트라는 이렇게 말한다.

"자! 기운을 내자! 변함없는 마음이여! 그대는 이제 한 가지 불행에서 벗어났다. 그러니 이것을 그대의 행복으로 누려라!"

4장

차라투스트라의 말 3

이 찰나의 순간과
주어진 운명을 사랑하면서
변화를 꿈꾸는 삶의 깨달음

차라투스트라의 말

1. 삶은 기나긴 방랑의 여정이다

저 산은 내게 우지마라
우지마라하고
저 산은 내게 잊으라
잊어버리라 하고
저 산은 내게 내려가라
내려가라 하네

사람들은 손을 들어 가리키지
높고 뾰족한 봉우리만 골라서

**혼자였지 난 내가 아는 제일 높은 봉우리를 향해
오르고 있었던 거야
허나 내가 오를 곳은 그저 고갯마루였을 뿐
길은 다시 다른 봉우리로**

이것은 가수 양희은의 노래 〈한계령〉과 〈우리가 오를 봉우리〉의 가사다. 애잔한 목소리로 마치 시를 읊조리듯이 부르는 이 노래를 듣고 있으면, 어린 시절부터 청소년, 그리고 청년에 이어 지금 중년기까지 지나온 삶의 우여곡절이 거짓말처럼 영화의 한 장면들처럼 스쳐간다.

이것을 '주마등走馬燈'이라고 표현한다. 원통형 등에 그려진 말이 마치 쏜살같이 움직이는 모습을 비유한 주마등에는 삶과 죽음에 대한 의미가 담겨 있다. 지금 당장 죽는 것은 아니지만 꼭 죽을 뻔할 때 뇌는 그동안 살아왔던 삶의 모든 과거의 정보를 재빠르게 머릿속에 투영한다고 한다.

하지만 삶은 과거나 현재에만 머물러 있지 않다. 여태껏 살아 있으니 마지막 남은 생을 위해서 앞으로 나아가야 하고, 적잖은 언덕과 개울, 그리고 산을 넘어왔음에도 아직도 내 눈앞을 막고 있는 높은 산에 올라야 한다. 그렇다고 저 앞에 놓인 산이 끝일 거라고 생각하지 않는다. 저곳이 정상일 것이라고 믿었던 산을 넘으면 또 다른 산이 나를 기다리고 있다. 죽음의 그 순간까지. 그래서 삶은 또한 죽음으로 향해 가는 방랑에 비유하기도 한다. 우리는 오늘도 죽으러 가는 것이다.

어느 날 차라투스트라는 배를 타고 바다를 건너고 산을 오르면서 수많은 고민과 외로운 방랑을 했던 젊은 시절을 회상했다. 그는 얼마나 많은 산과 산등성이와 산꼭대기를 올랐던가.

그리곤 차라투스트라는 이렇게 말한다.

"나는 방랑자이며 산을 오르는 자다. 나는 평지를 사랑하지 않으며, 오랫동안 한 자리에 머물러 있지를 않았다. 앞으로 내가 어떠한 운명을 맞이하든, 어떤 체험을 하든, 거기에는 늘 방랑과 산을 오르는 일이 있을 것이다. 인간이란 결국 자기 자신만을 체험하는 존재가 아니던가."

지나고 나면 우리의 삶은 그냥 우연히 닥칠 수 있는 일들의 순간들, 그 순간들의 연속이었다. 그런 때는 지나갔으며, 지금 이 순간 또한 지나가리라. 지난 것은 이미 나의 것이 될 수 없으며, 앞으로 일어날 일도 나의 것이 아니다. 그것은 언제 어디서든 어떻게 일어날지 모른다. 나란 존재는 오랫동안 낯선 곳을 떠돌며, 온갖 사물과 우연 사이에서 흩어져 있다가 다시 집으로 돌아오고 마는 방랑자와 같다. 하지만 이 사실만은 나는 알고 있다. 이것 또한 끝이 아님을….

차라투스트라는 이렇게 말한다.

"나는 이제 마지막 정상, 내게 그토록 오랫동안 남겨졌던 것 앞에 서 있다. 나는 더없이 험난한 길을 또 올라가야 한다. 더없는 고독한 방랑은 다시 시작될 것이다."

우리 삶의 여정은 어디가 시작이고 어디까지 끝인지, 어디가 정상이고 어디가 심연인지 단언하기가 힘들다. 하지만 이 모두는 어쩌면 하나로 연결되어 있는지도 모른다. 우리는 우리의 길을 갈 뿐이다, 아니 가야 한다. 앞에 위험이 도사리고 있다고 하더라도. 그것이 우리의 위대함이며 우리가 가져야 할 최후의 용기다. 과거는 현재와 이어져 있고, 현재는 미래와 이어져 있다.

차라투스트라가 이윽고 산등성이의 꼭대기에 올랐을 때, 눈앞에는 바다가 펼쳐져 있다. 산은 땅과 골이 깊을수록 높을 수 있다. 그것이 세상 이치다.

차라투스트라는 이렇게 말한다.

"보라! 눈앞에 또 다른 바다가 펼쳐져 있었다. 나는 한동안 말없이 그냥 제자리에 서 있었다. 그 꼭대기에서의 밤은 차갑고 맑았으며 별빛으로 환했다."

2. 삶은 오르락내리락 하는 순간의 연속이다

피테르 브뤼헐의 〈추락하는 이카로스가 있는 풍경〉

네덜란드 풍속화가 피테르 브뤼헐이 그린 〈추락하

는 이카로스가 있는 풍경〉1555~1558은 그리스 신화의 '이카로스의 추락'을 소재로 한 작품이다. 건축가이자 발명가인 다이달로스는 크레타의 왕 미노스의 미움을 사 아들 아카로스와 미로에 갇히고 만다. 다이달로스는 새의 깃털과 밀랍으로 만든 날개를 달고 아들과 미로 감옥 밖으로 날아서 빠져나온다.

하지만 아들 이카로스는 아버지의 경고를 무시하고 하늘 높이 올라가 태양에 가까이 가는 바람에, 날개 속 밀랍이 녹아내려 저 깊은 바다에 빠지고 만다. 이 그림은 높이 오르고자 하는 이카로스**다시 말해 인간들**의 무모한 욕망을 비꼰다.

만약 지구 위에서 살면서 가장 무서운 게 무엇이냐고 묻는다면, 당신은 무엇이라고 대답할 것인가? 당연히 사람마다 무서움의 기준도 다르고, 무서움의 대상도 제각각이다. 그럼에도 고소공포증이 있는 나는 하늘에서 떨어지는 것이라고 말하고 싶다. 어릴 때부터 슈퍼맨처럼 하늘을 날다가 땅으로 떨어지는 꿈을 너무나 많이 꾸었다.

하늘을 나는 꿈이 자유에 대한 강한 욕구와 현재 상태에 대한 불안감이 반작용으로 나타나는 꿈이라고 말들 하고, 어릴 때 추락하는 꿈은 키가 크려고 꾸는 꿈이라고 말들 하기도 한다. 근데 50대 후반에 이른 지금도 나는 하늘에서 떨어지는 꿈을 간혹 꾼다.

   그럼에도 신이 내게 딱 하나의 능력을 준다면, 하늘을 나는 능력을 주었으면 좋겠다. 하늘을 새처럼 날아서 이 지구 곳곳을 여행해보고 싶다. 물론, 비행기가 있지만 천사처럼 내 몸에 붙은 날개로, 아니면 슈퍼맨처럼 망토 하나만으로 하늘을 자유롭게 날 수 있다면 얼마나 행복할까?

   역사적으로 보면, 1783년 프랑스 몽골피에 형제가 열기구를 발명하면서 인간은 하늘을 나는 법을 배웠다. 그리고 1903년 미국에서 라이트 형제가 인류 역사상 최초로 조종이 가능한 동력 비행기를 개발함으로써, 새들처럼 하늘을 날 수 있게 되었다. 비록 기계를 이용해야 했지만 말이다.

   하지만 열기구든 비행기든 무한대로 하늘을 날 수는 없다. 사실, 지구에서 가장 무서운 중력이 있기 때문이다. 질량을 가진 모든 물체 사이에는 서로 작용하면서 서로 당기는 힘을 중력이라고 말한다. 결국 열기구든 새든 비행기든 로켓이든 지구 위로 날아다니는 모든 것들은 반드시 땅으로 떨어지게 된다.

   이것은 진리다. 브뤼헐의 〈추락하는 이카로스가 있는 풍경〉에서 보듯 추락하는 것에는 날개가 있을 수 없다는 진리는 정말 무섭다. 우리도 삶도 죽음에 닿기 전까지는 삶의 중력 법칙을 결단코 거역할 수 없다.

하지만 차라투스트라는 우리의 삶은 오르면 떨어져야 하고, 그러면 끝이 난다는 직선적 생각에 회의를 주는 환영을 보게 된다. 차라투스트라는 황량한 자갈밭을 가로질러 정상으로 난 오솔길을 힘겹게 올라가는 중이었다.

그런데 그의 어깨 위에서 반은 난쟁이고 반은 두더지인 무언가가 짓누르고 있었다. 바로 중력의 정녕이었다. 중력의 정녕은 힘겹게 산을 오르는 차라투스트라의 귀에 대고 속삭인다.

"차라투스트라여! 그대 지혜의 돌이여! 그대는 자신을 높이 던졌으나, 모든 던져진 돌은 반드시 떨어지기 마련이다! … 그 돌은 그대 머리 위로 다시 떨어지리라!"

심한 악몽과 고통에 지치고 시달리고 절망과 포기를 고민했던 차라투스트라의 내면에서 용기가 일어나기 시작했다. 그리곤 중력의 정녕인 난쟁이에게 이렇게 외친다.

"멈춰라, 난쟁이여! 우리 둘 중에 더 강한 자는 바로 나다!"

그러자 난쟁이가 차라투스트라의 어깨에서 내려와 돌 위에 쪼그리고 앉았다. 차라투스트라는 긴 오솔길을 걸어가다 성문에 다다랐다. 성문의 이름은 '순간'이었다.

그때 차라투스트라는 깨달았다. 자신이 그동안 힘겹게 걸어온 오솔길과 앞으로 걸어가야 할 저 길이 지금 이 성문에서 서로 만난다. 마치 과거와 현재, 그리고 미래가 만나듯이, 길은 앞으로 가든 뒤로 가든 가다 보면 끝내 서로 만나거나 제자리로 돌아오게 된다.

날아오른 것은 중력에 의해 반드시 떨어지지만, 인생의 길은 순간의 연속이 만들어낸 둥근 고리와 같다. 영원히 회귀하는 세계에서 삶은 영원히 반복된다. 어쩌면 삶은 오르락내리락 하는 순간의 연속인지도 모른다. 그렇기에 한 순간 한 순간 용기와 의지를 갖고 살아가야 한다.

차라투스트라는 이렇게 말한다.

"세상 만물은 그렇게 굳건하게 연결되어 있지 않는가. 이 순간이 다가올 모든 미래의 일들을 자신에게로 끌어당기도록 말이다. 그리하여 이 순간은 자신마저도 끌어당기고 있지 않는가!"

3. 행복은 의지 없이 얻어지지 않는다

고대 그리스에는 유명한 3대 비극 작가가 있었다. 아이스킬로스와 소포클레스, 그리고 에우리피데스다. 이들 가운데 에우리피데스는 가장 위대하다고 평가받는 비극 작가로 19편의 비극 작품을 남겼다. 그 가운데 트로이 전쟁과 관련된 이야기가 10편, 헤라클레스와 관련된 이야기가 3편, 테세우스와 관련된 이야기가 2편, 그리고 오이디푸스, 디오니소스, 이온, 메데이아에 관한 이야기가 각 1편씩이다. 이들 작품들을 관통하는 공통적 주제가 바로 '삶은 비극이다.'이다. 대부분의 이야기가 전쟁과 죽음, 이별, 방랑, 불운 등 비극적 서사와 사건을 그 소재로 하고 있기 때문이다.

그런데 아이러니하게도 우리는 이런 비극 작품을 읽으면서 알 수 없는 만족감과 행복을 느끼게 된다. 남의 불행과 불운이 나에게 행복을 주기 때문은 아닐 것이다. 오히려 그들의 비극적 삶에 동화가 되면서, 동질감과 공감대, 안타까움과 희망, 그리고 카타르시스를 느끼기 때문에 비극의 반작용으로서 행복을 느끼게 된다. 그것이 바로 문학의 치유 능력이다.

그렇다면 행복이란 무엇일까? 사전은 '행복을 생활에서 충분히 만족과 기쁨을 느껴 흐뭇함을 느끼는 그런 감정적 상태'라고 기술한다. 간혹 삶에 지치다 보면 희망이 무너지고 행복은 나와 동떨어진 어느 외진 곳이나 저 편의 세상에나 있는 것처럼 느껴질 때가 한두 번이 아니다. 그렇게 행복은 신기루처럼 볼 수만 있고 다가갈 수 없으니, 새벽안개에 가려진 풍경처럼 흐릿하기만 하다.

그렇다면 우리는 어느 정도의 흐뭇함을 느껴야 행복감은 더 커지는 걸까? 그리고 대체 행복은 어디에 있는 걸까? 가만히 있으면 행복은 저절로 내게 올까? 그렇다면, 인생에서 아무런 풍파도, 아무런 불상사도, 아무런 불운의 사건이 없으면 무조건 행복해질까? 행복을 위해서 우리는 무엇을 해야 하는가?

차라투스트라는 행복의 섬과 벗을 떠난 지 나흘이 지나서야 자신의 모든 고통을 극복하게 되었다. 그는 자신의 운명을 밟고 일어섰다. 맑은 하늘과 드넓은 푸른 바다와 함께 차라투스트라는 혼자가 되었다. 영혼은 밝아지고 모든 빛은 더욱 고요해졌다.

비로소 차라투스트라는 창조하는 자의 희망을 보았으며 세상 만물이 푸릇푸릇 자라는 곳에 행복의 섬이 있다는 것을 깨달았다. 고독과 예지가 자신을 불행에 내맡길 때 행복의 길을 일깨워 준다는 것을.

차라투스트라는 이렇게 말한다.

"그리고 그러한 자를 위해, 또 그와 같은 자를 위해 나는 나 자신을 완성해야만 한다. 그리하여 나는 이제 나의 행복을 거부하고 모든 불행에 나를 내맡기려 한다. 나 자신에 대한 마지막 시험과 깨달음을 위해서!"

아무런 풍파도, 아무런 불상사도, 아무런 불운의 사건이 없다고 항상 행복한 상태가 유지되지 않는다. 일생사가 그렇게 녹록하지 않음을 우리는 늘 경험하고 실감하면서 하루하루를 살고 있다. 그럼에도 언젠가 올 행복을 기다린다.

하지만 행복은 결코 저절로 오지 않는다. 열쇠 구멍처럼 작은 구멍으로 밀려들어오는 바람이 세차게 느껴지듯, 찬 서리와 겨울이 나를 다시 부러뜨리고 깨뜨리길 여러 번 이어지던 어느 순간, 행복이 내게 '오는 때가 된다.' 그만큼 의지와 노력, 고난과 고통이 동반된 이후의 결과물이 바로 행복이다.

    차라투스트라는 이렇게 말한다.

    "내가 우선 이 일에서 나 자신을 극복한다면, 나는 보다 위대한 일에서 나를 극복하리라. 그러면 승리는 나의 완성을 보증하는 봉인이 되리라!"

4.
순수한 자연으로 돌아가라

카스파르 다비트 프리드리히의
〈안개 바다 위의 방랑자〉

안개가 가득한 망망대해를 바라보는, 검은 정장을 입은 남자의 뒷모습이 보인다. 이 그림은 19세기 초 독일 낭만주의 풍경화가 카스파르 다비트 프리드리히가 그린 〈안개 바다 위의 방랑자〉1818이다. 이 그림에서 남자의 뒷모습만으로 그의 얼굴이 어떻게 생겼는지, 그의 나이가 얼마쯤 되는지, 그리고 그의 표정은 어떠한지를 짐작할 수는 없다.

그럼에도 파도가 하얗게 부서지면서 세차게 때리는 바위 위에 당당하게 우뚝 서서, 거친 바다와 저 멀리 검은 산을 노려보는 그의 부리부리한 눈을 본 것처럼 선명한 느낌을 준다. 앞모습보다 늠름한 남자의 뒷모습이 알 수 없는 강렬한 인상을 준다. 비록 지팡이를 짚고 있지만 꼿꼿한 그의 허리에서, 지금 인간 세상의 힘든 풍파에 당당하게 맞서겠다는 결연한 의지마저 느끼게 한다. 또한 바다와 산을 바라보면서 자연과 하나됨으로써 자연에 겸허한 자세를 갖고, 자연의 무한한 섭리를 거역하지 않겠다는 순응의 마음도 느껴진다.

그래, 자연의 섭리라는 말이 있다. 흔히 인간의 의도가 아닌 자연의 법칙대로 흘러가는 대로 맡기는 것을 일컬어 하는 말이다. 그런데 사실 '자연의 섭리'에는 두 가지 의미가 있다.

하나는 '자연'에 방점을 찍으면, 자연自然이라는 문자 그대로 인간의 간섭이 전혀 개입되지 않으면서 자연 스스로 존재하는 모습과 자유로움 그대로 내버려두는 것이다. 다시 말해 물이 흘러가는 그대로 맡겨두는 것이다.

다른 한편으로 '섭리攝理'에 방점을 찍으면, 세상 만

물의 법칙과 원리, 그리고 질서라는 범위 내에서 이해되어야 한다. 다시 말해 자연의 질서 속에서 조정되거나 운용될 수 있다는 의미다.

혹자에겐 '자연의 섭리'에서 어느 단어에 방점을 찍느냐가 그렇게 중요해보이지 않겠지만, 사실 둘은 매우 상반된 의미를 내포한다는 점에서 명확히 다르게 이해할 필요가 있다.

전자는 인간도 자연에 속하는 개체로서 하늘과 땅, 그리고 물과 함께 공존하면서 자유로운 의지와 정신으로 생사고락을 함께하는 것을 의미한다. 반면, 후자는 사계절과 절기라는 자연 운행의 규칙은 곧 거스를 수도 없으며 거스르지 말아야 하는 절대적인 권위와 법칙을 가진다. 이는 인간이 만든 도덕과 규범, 규칙과 종교적 교리에 비유되어서 이해되기도 한다. 그래서 예전에는 자연은 인간과 세상을 지배했던 신과 비견되었다.

하지만 차라투스트라는 자연이 전해주는 자유로운 영혼과 순환적인 반복에 중요한 의미를 두었다. 하늘과 바다, 그리고 별과 나무는 그 어떤 주문도, 그 어떤 명령도 하지 않으며, 그 어떤 비유로 감언이설하지 않음에도 인간에게 많은 지혜를 전달한다. 사계절의 변화 속에서 생명의 의지를 몸소 보여줄 뿐만 아니라, 순환적인 반복을 통해서 겸손을, 몰아치는 태풍과 비바람을 통해서 경외심을, 너무 맑은 하늘과 푸른 바다, 붉은 꽃들, 하얀 구름에서 순수함을 깨닫게 한다.

사실 자연은 '섭리'를 의도적으로 만든 적이 없다. 섭리는 인간이 만들었다. 자연은 그냥 드러냈을 뿐이다. 인간이 자연을 이념화하고 개념화하고 규범화하고, 자연이 법칙이며 섭리라고, 그리고 신과 같다고 호도했던 것이다.

하지만 차라투스트라는 이제 신과 신의 그늘에서 벗어나 모든 존재의 모태인 자연의 품으로 돌아가야 한다고 주문한다. 자연은 영원의 샘에 그리고 선악의 저 편을 초월해서 존재한다. 그래서 자연에는 법칙이 아니라 우연의 연속이 존재한다. 이것이 바로 자연의 순진무구함이며 자유분방함이다. 이 자연은 우리가 사는 현실이기도 하다.

차라투스트라는 이렇게 말한다.

"나의 모든 방랑과 산행은 불가피한 것이었으며, 무력한 자의 미봉책이었다. 나의 의지가 한결같이 바라는 것은 오로지 날아가는 것, 그대 **자연** 안으로 날아가는 것이리라! … 만물 위에는 우연이라는 하늘, 순진무구함이라는 하늘, 뜻밖이라는 하늘, 자유분방함이라는 하늘이 있다. … 참으로 그것은 축복이지 결코 모독이 아니다."

5.
비열한 자는
늘 곁에 있다

    삶을 살다보면 모르는 사람에게서 배신과 뒤통수를 맞는 것보다 친했던 사람에게서 배신과 뒤통수를 맞을 때가 충격이 훨씬 더 크다. 왜냐하면 예기되었던 충격보다 전혀 예상치 못한 충격이 더 강력하기 때문이다. 그래서 사람들과의 진정한 관계는 서로가 정말 안 좋은 상황일 때나, 아니면 어느 누구 한 명에게만 정말 좋은 상황일 때 드러난다고 하지 않는가!

    결국 하나만 선택할 수밖에 최악의 상황이거나 절체절명의 순간에 잠재된 악마의 마음이 솟아나온다. 우리는 그런 자를 '비겁'하고 '비열'하다고 '비판'한다. 비겁과 비열은 같은 말이면서도 조금 다른 뉘앙스를 갖고 있다.

먼저 '저속하고 겁이 많음' '옹졸하고 야비함'으로 풀이되는 비겁卑怯은, 정정당당하게 정면에서 대응하지 못하거나, 떳떳하지 못해 뒤로 피하거나, 뒤에서 험담을 하는 것으로 말한다. 특히 일상생활에서 자신의 약점이나 두려움을 숨기기거나 책임을 회피한 태도를 표현할 때 자주 사용된다.

한편 비열卑劣은 하는 행동이 천하고 졸렬하며 비겁하여 누군가에게 배신과 위해를 가하는 치사한 행동을 말한다. 비겁, 비루, 치졸이라는 단어와 함께 사용된다. 비겁이 자세와 상태에 집중되어 있는 뉘앙스라면, 비열은 비겁함 뒤에 대응하는 행동에 좀더 집중된 뉘앙스를 담고 있다. 그래서 배신, 뒤통수 때리기, 뒷담화하기 등은 비겁함보다 비열함에서 오는 악한 행동이다.

차라투스트라는 바다를 건너 다시 뭍으로 올라왔다. 일찍이 신의 죽음을 선언하고 사람들을 가르쳤던 그 뭍에서 사람들이 얼마나 성장했는지를 궁금했다. 하지만 정작 차라투스트라를 맞이한 건 장난감처럼 작디작고 왜소해진 사람들뿐이었다. 그들은 세상의 종교와 제도에 굴복하여 서로를 비방하고 배신하고 짓밟고 있었다. 차라투스트라를 보자, 그들은 시간이 없다는 핑계로 차라투스트라의 가르침을 들으려 하지도 않으며, 심지어 그를 경계하고 뒤에서 비방하고 해코지를 해댄다.

차라투스트라는 이렇게 말한다.

"그러나 이것은 비겁함이다. 이미 그것이 덕이라고 불리긴 하지만 말이다. … 그들에게 있어서 덕이란 겸손하고 양순하게 되는 것이다. 그리하여 그들은 늑대를 개로 만들었고, 인간 자체를 최고의 가축으로 만들었다."

비겁하고 비열한 자들은 모든 일에 소극적이며 경계한다. 그러다 빈틈을 발견하면 이리떼처럼 달려들어서 흠집을 낸다. 그래서 적극적 의지로 무언가를 쟁취하려 하기보다 때를 기다려 뺏으려 하거나, 있을 것도 없고 없는 것도 없다고 하면서 슬그머니 제 발을 뺀다. 주변 사람들에게 잘못을 떠넘기면서 말이다.

차라투스트라는 이렇게 말한다.

"그리고 내가 흐느껴 울며 두 손을 모으고 숭배하는 그대들 마음속 '그 모든 비겁한 악마들을 저주하라!'라고 소리치면, 그들은 '차라투스트라는 신을 부정한다.'라고 대받아 외친다."

그들의 혀는 뱀의 그것이며, 그들의 발은 승냥이의 그것이며, 그들의 손은 원숭이의 그것이다. 그러면서 그것이 어쩔 수 없는 신의 섭리라고 변명한다. 이들이 진정한 말종 인간이다. 그럼에도 우리 스승 차라투스트라는 이런 말종 인간조차 사랑하라고 말한다. 그리고 그들이 스스로를 계몽하기를 바란다.

차라투스트라는 이렇게 말한다.

"그대들이 의욕하는 것을 언제든 행하라. 하지만 그보다 먼저 의욕할 수 있는 자가 돼라. … 그대들의 이웃을 언제나 자신처럼 사랑하라. 하지만 우선 자기 자신을 진실로 사랑하는 자가 돼라."

이제 그대들의 시간이 다 가고 있다. 매시간 그대들은 더 왜소해지고 더 가난해지고 더 나약해지고 더 메말라갈 것이다. 그대 비열하고 비겁한 자들이여!

6.
아첨하는 자는 원숭이의 혀를 가졌다

 결단코 끝나지 않을 것 같았던 1000년 가톨릭 제국, 중세시대의 마감을 이끈 것은 1517년 10월 31일 바티칸 교황청의 레오 10세에 대항하면서 95개조 반박문을 내건 독일 신학자며 종교개혁가 마르틴 루터다. 당시 이탈리아 최고의 메디치 가문에서 태어난 레오 10세 교황은 탐욕과 사치로 가득한 욕심 많은 사람이었다.

 그는 교황으로서 호화로운 생활을 유지하고 사치로 비어버린 교황청의 재정난을 메우기 위해 성직매매는 물론, 면벌부까지 판매했다. 이에 반발하여 성경을 독일어로 번역하여 만민을 위한 가톨릭을 주장하고 계몽사상을 불어넣은 사람이 마르틴 루터다.

마르틴 루터의 종교개혁에 영향은 준 두 명의 사람이 있다.

한 명은 영국 사상가이면서 정치가 토마스 모어다. 그는 사유재산은 없고 공동생산과 공동소비를 하면서 종교적 자유를 가지는 이상적인 섬나라 유토피아의 사회적 제도를 완벽하게 묘사한 《유토피아》를 썼다. 유토피아는 '어디에도 없는 나라'라는 뜻이다. 토마스 모어는 마르틴 루터와는 종교개혁에 대한 논쟁을 많이 벌였던 사이로 앙숙 관계였으며, 자신의 명예와 직위를 위해서 헨리 8세에게 아첨하는 글을 남겼다.

다른 사람은 르네상스 후기 같은 사제로서 바티칸 교황청의 부조리에 반대했던 계몽주의 사상가 에라스뮈스다. 그리스어 신약성경을 라틴어를 번역하면서 종교개혁의 필요성을 느낀 에라스뮈스는 《우신예찬》에서 '어리석은 신'을 경배하고 맹신하는 가톨릭 사회와 성경과는 정반대로 살아가는 교황과 그 사제들을 비판했다. 에라스뮈스는 종교개혁사상에는 찬성했지만 직접적으로 마르틴 루터파에 동참하기보다는 종교개혁자와 반종교개혁자 사이에서 어정쩡한 화해자로 남았다.

결국 두 사람 모두 마르틴 루터에게는 머리와 말로써 종교개혁에 찬성하면서 정작 몸은 기존 종교적 권력에 순응하면서 아부하는 아첨꾼에 지나지 않았던 비루한 존재였다.

차라투스트라는 군중들 사이에서 차라투스트라의 말과 억양을 조금 익히고 그의 지혜를 빌려서 세인들을 현혹하고 권력자들에게 아첨하는 사람들을 만나게 되었다. 차라투스트라는 그들을 '차라투스트라의 원숭이'라고 불렀다. 그들의 감정과 정신에서는 도살장에서 나는 썩은 냄새가 났으며, 그들의 말은 말장난 같았으며, 그들의 영혼은 구정물이나 다름없었다. 그런 그들이 세인을 혹세무민할 신문을 만들고 있다. 금화를 벌기 위해서.

인간들의 정신은 그들의 여론에 병들고 중독됐으며, 온갖 욕정과 악덕, 그리고 흥분에 찌들어 있다. 그들의 손에는 권력자들에게 아첨하는 글을 너무나 많이 써서 굳은살이 박혀 있을 정도였다. 그들의 혀는 신과 권력자들 앞에서 원숭이의 혀처럼 열심히 나불거린다. 아첨하는 자들이 가득한 이 도시는 거대한 오물 구덩이다.

이 도시의 아첨꾼들은 "모든 썩은 것, 추잡한 것, 음흉한 것, 암울한 것, 너무 익어 문드러진 것, 곪아 터진 것, 선동적인 것이 한데 어울려 썩은 곳, 이 커다란 도시를 향해 침을 뱉고 돌아가십시오!"라고 열변을 토하지만, 정작 그들은 그 도시를 떠날 생각을 하지 않는다. 오직 말로써 할 뿐이다.

차라투스트라는 이렇게 말한다.

"입에 거품을 문 그대 바보들이여. 사람들은 그대를 나의 원숭이라고 부른다. 그러나 나는 그대를 나의 투덜대는 돼지라고 부르겠다. 투덜댐으로써 그대는 바보스러움에 대한 나의 예찬을 욕되게 한다. 그대는 왜 투덜대는가? 아무도 그대에게 그대처럼 충분히 아첨하지 않기 때문이다. 그래서 그대는 투덜댈 구실을 마련하기 위해서 이 쓰레기 더미도시 위에 앉아 있는 것이다. … 그대가 내뿜고 있는 그 모든 거품은 한낱 복수심에 지나지 않는다."

차라투스트라는 욕망에 가득한 아첨꾼이 가당찮게 차라투스트라의 흉내를 내는 것을 바보 같은 짓에 대한 예찬이라며 힐난한다. 이런 바보 예찬론자들이 많은 도시는 더 이상 사랑할 수 없는 곳이기에, 불에 타 버리길 바라거나 그것이 힘들다면 그냥 지나가는 것이 더 현명하다고 주문한다.

차라투스트라는 이렇게 말한다.

"슬프도다. 이 거대한 도시여! 나는 오래전부터 이 거대한 도시를 태워버릴 불기둥을 보았으면 하고 바랐다. … 더 이상 사랑할 수 없는 곳에서는 그냥 스쳐 지나가야만 한다."

7. 변절자들은 기다림을 모른다

    1933년 일제강점기에 간도 참변의 카와구치 소장을 암살하기 위해서 청년 독립군 네 명이 작전에 투입된다. 이들은 만주 독립군 저격수인 안옥윤, 신흥무관학교 출신의 '속사포' 추상옥, 폭발물 전문가 황덕삼, 임시정부 경무대장이 되어 이들을 지원하는 염석진.

    하지만 이들 가운데 염석진은 독립군을 돕는 척하면서 일본 경찰의 스파이가 되어 이들 암살단의 신상을 일본 경찰에 밀고한다. 그렇게 암살단 가운데 일부는 사살되고 암살은 실패하고 만다.

    그렇게 세월이 흘러 광복을 맞은 이후, 경찰 고위직

이 된 염석진은 반민족행위특별조사위원회에 회부되어 재판을 받지만, 자신의 몸에 난 상처를 보여주면서 자신이 진정한 독립군이었다고 주장한다. 암살단이 모두 죽거나 실종된 상태에서 그의 죄를 증언할 사람이 없다.

증거불충분으로 풀려난 염석진은 시장통에서 그를 뒤쫓던 안옥윤과 맞닥뜨린다. 안옥윤은 염석진을 총으로 암살하면서 "왜 동지를 팔았냐?"라고 묻는다. 염석진은 대답한다. "몰랐으니까. 해방이 될 줄 몰랐으니까. 알았으면 그랬겠나."

영화 〈암살〉은 그렇게 끝난다. 그런데 여기서 생뚱맞은 궁금증이 인다. 염식진이 해방이 정확히 언제 될 줄은 몰랐지만, 해방이 얼마? 남지 않았다고 어느 예언자가 알려줬다고 해서, 그는 과연 변절자가 되지 않았을까?

차라투스트라는 도시에서 한때 구시대적 신앙을 저버리고 새로운 정신을 지녔던 자들을 다시 만나게 된다. 하지만 지금의 그들은 더 이상 과거의 그들이 아니었다. 한때 젊은 시인처럼 빛과 자유를 찾아 훨훨 날아다니던 그들의 열정은 이미 식어버렸다. 그들은 어느새 속이 시커먼 자, 뒤에서 수군거리는 자, 난로 옆에만 쪼그리고 앉아 있는 변절자가 되었다. 이제 그들의 강건했던 용기는 비겁해졌다.

이런 변절자들은 하루 종일 낚싯대를 드리우고 앉아서 안달복달하면서 자신은 심오하다고 믿는다. 이런 변절자들은 참을성까지 부족해서 기다릴 줄을 모른다.

차라투스트라는 이렇게 말한다.

"이 변절자들은 '우리는 다시 경건해졌다'라고 고백한다. 그리고 그들 가운데 여럿은 너무 비겁하여 그런 고백조차도 하지 못한다."

게다가 이런 변절자들은 이미 반성했다고, 다시 경건해졌다고 말하면서 증명할 수 있다고 호언장담한다. 하지만 한 번 무너진 변절자의 경건함은 언제든지 주변의 상황에 따라 쉽게 다시 무너져 내릴 수 있다. 진실한 반성은 입 밖으로 함부로 내는 게 아니다. 한 번 변절해본 자는 두 번 세 번도 서슴없이 변절한다. 왜냐하면?

차라투스트라는 이렇게 말한다.

"인간들은 비겁하다."

8.
외롭지 말고
고독하라

그리스 신화에 등장하는 황소 머리를 한 미노타우로스는 크레타의 왕인 미노스의 왕비 파시파에와, 바다의 신 포세이돈이 아버지 미노스의 불성실에 대한 보복으로 보낸 황소와의 통정으로 태어난 인간 괴물이다. 결국 크레타의 왕 미노스는 자신의 아들도 아닌데다가 흉측한 황소 머리를 한 의붓아들 미노타우로스를 사랑하지 않았을 뿐만 아니라, 사람을 먹이로 삼는 이 괴물 아들을 죽이려고 했다.

하지만 친아들은 아니지만 아내의 아들이기에 마지못해 발명가 다이달로스가 만든 라비린토스, 다시 말해 영원히 길을 찾아 나올 수 없는 거대한 미궁에 가두어 버린다. 미노스는 9년마다 미노타우로스에게 인간을 공물로서 먹이로 주는데, 아테나이의 왕자 테세우스는 공물로 변장하여 미노타우로스를 죽이기 위해 거대한 미궁에 들어가게 되었다. 하지만 그 황소 괴물을 죽일 수 있는 방법을 정확히 알지 못했던 테세우스는 자신에게 첫눈에 반한 미노스 왕의 딸 아리아드네의 도움으로 그녀가 준 칼로 미노타우로스를 죽이고, 그 거대한 미궁에서 탈출한다.

보통 이 신화에서 주인공은 황소 괴물 미노타우로스를 죽인 아테나이의 왕자 테세우스라고 생각한다. 하지만 진짜 주인공은 포세이돈을 속인 아버지 미노스 때문에, 어머니와 황소의 수간으로 태어난, 아무 잘못도 없는 미노타우로스가 아닐까 한다.

미노타우로스는 자신의 의지와는 전혀 상관없이 타고난 괴물 같은 외모 때문에, 그리고 인간과 황소의 자식이라는 이유로 감금되고 격리되었다. 하지만 미노타우로스는 자신이 갇힌 그 거대한 미로를 자신만의 휴식과 사색, 혼자만의 공간인 집으로 생각했다. 서서히 미노타우로스는 아버지에게서 버려졌다는 외로움이 아니라, 자신이 이 거대한 미궁 속에서 유일한 존재임을 깨닫는 고독의 시간을 경험하게 된다.

외로움과 고독은 같은 듯 하지만 다르다.

사전적 정의를 살펴보면, 외로움loneliness은 어느 소속된 사회에서 다른 사람들과 단절되어 감정적 고립을 느끼는 부정적 상태를 말한다. 다시 말해 loneliness라는 표현처럼 신체적으로든 정신적으로든 스스로의 의지가 아닌 관계 단절로 인해 혼자 남겨진 감정적 상태이다.

한편 고독solitude은 스스로의 선택에 의해 혼자만의 공간과 시간에서 자신의 내면을 되돌아보고 성찰하고자 하는 긍정적 상태를 말한다. 다시 말해 외부에 의존하지 않으면서 자기의 정신적 독립을 이뤄내고자 하는 감정적 상태이다.

철학자 하이데거는 《존재와 시간》에서 "타인의 지배 아래에 놓여 있는 일상세계에서 떨어나 나온 유한하고 고독하며 불안으로 가득 찬 세계, 그곳이야 말로 우리의 본래적 세계이며, 그곳에서 비로소 우리는 존재의 의미를 밝힐 수 있다."라고 말했다.

자발적 고독은 주체적 행위이며 능동적 선택이며, 영혼의 에너지를 만들어내는 시간이다. 그래서 삶에서 외로움보다 고독이 필요하다. 지금 우리가 느끼는 혼자된 마음은 고독이 아니라 외로움이다. 세상 사람들과 함께 어울리지 못한다는 마음이 만들어낸 소외감이다.

차라투스트라는 다시 자신의 고향인 산 속의 고독

으로 돌아왔다. 저 아래 세상의 목소리들에 현기증이 날 정도로 지친 차라투스트라는 고독 속에 파묻혀 침묵으로 자신을 되돌아볼 시간을 가지게 되었다. 진실로 자신 본연의 모습으로 돌아오는 순간이 바로 고독의 순간이었다.

차라투스트라는 이렇게 말한다.

"아, 고독이여! 그대, 나의 고향인 고독이여! 황량한 타향에서 너무도 오랫동안 황량하게 살았기에 나는 눈물 없이는 그대에게로 돌아갈 수 없다! … 그러나 나는 이제 여기 나의 고향, 나의 집에 와 있다. 여기서 나는 무슨 말이든 할 수 있으며, 마음속에 있는 이야기를 다 털어놓을 수 있다. 여기서는 감추어진 감정이든 꽉 막혀버린 감정이든 조금도 부끄럽지 않다."

외로움은 버림을 받았다는 의미이기도 하다. 야생의 짐승들보다 인간들 사이에 있는 것이 더 위험하다는 사실을 받아들이게 될 때, 바로 그것이 외로움이다. 외로움은 그 이유를 인간에게 전가하고 탓한다. '왜? 나만 이렇게 되어야 하지?'라고 말이다.

하지만 고독은 인간에게 그 이유를 탓하지 않는다. 왜냐하면 나 스스로의 선택으로 더 자유로운 세계의 문을 여는 것이기 때문이다. 그곳에는 세상의 소란이나 목소리보다 존재의 말이 생성의 에너지가 나를 기다리고 있다. 외롭지 말고 고독하자!

차라투스트라는 이렇게 말한다.

"아, 나를 감싸고 있는 복된 고요함이여! 아, 나를 감싸고 있는 깨끗한 향기여! 아, 이 고요함은 깊은 가슴에서 얼마나 깨끗한 숨을 내쉬는가! 아, 얼마나 조용히 귀 기울이고 있는가! 이 복된 고요함은!"

9. 자신을 사랑하는 법을 배워라

카라바조의 〈나르키소스〉

인류사에서 '나의 존재성'을 일깨운 사람은 "나는 생각한다. 고로 존재한다."라는 명언을 남긴 프랑스 합리론자 데카르트다. 사실 데카르트 이전의 중세시대는 '나' 아니 '인간', 아니 '신' 중심의 세계관이 지배하던 시기였다. 하지만 근대 이후 이제 '나'라는 존재를 인식하고자 했던 철학자들은 끊임없이 자아라는 존재에 집착했으며, 예술가들은 끊임없이 자화상을 그렸다. '나의 자아'라는 소재가 된 것은 그리스 로마 신화 속 나르키소스에서 기인한다.

'잠' '마취' '혼수' '마비'라는 헬라어 '나르케'에서 유래하여 '마취자'라는 의미를 가진 나르키소스는, 자신의 미모에 빠진 남자 아메이니아스의 구애를 거절하고 미안한 마음에 그에게 칼을 선물한다. 구애에 대한 거절에 상처를 받은 아메이니아스는 나르키소스의 집 앞에서 나르키소스가 준 칼로 자결한다.

이에 죄책감을 받은 나르키소스는 짝사랑의 고통을 알게 해달라고 보복의 여신 네메시스에게 기원한다. 어느 날 나르키소스는 연못에 비친 자신의 모습을 보고 사랑하게 되는데, 입맞춤하려다가 물에 비친 남자가 바로 자신임을 알아차리고 아메이니아스가 자결한 칼로 자신을 찌르고 만다. 결국 자신의 칼은 자신에게로 돌아왔다.

아니, 대체 나르키소스가 얼마나 잘생겼기에, 자기가 자신의 외모에 반한단 말인가? 미술사에서 나르키소스를 잘 표현한 그림은 16세기 이탈리아 화가 미켈란젤로 메리시 다 카라바조**우리에겐 카라바조로 더 유명한**의 〈나르키소스〉1597~1599이다. 이 그림은 빛과 어둠의 강렬한 대비를 통해서 현실의 인간 나르키소스와 물에 비친 가상의 나르키소스를 세심하게 표현했다. 그런데 문득 빛을 받아 몽환적인 현실의 나르키소스의 애틋한 입술과 달리, 어둠에 묻힌 가상의 나르키소스의 입은 미묘한 웃음을 짓고 있다. 혹시 이건 가짜 자신을 사랑하게 된 진짜 나르키소스를 향한 비웃음일까?

하여간 판본마다 조금씩 이야기가 다르지만, 대체적으로 자신의 미모에 빠져 자기애가 지나쳐 자기 자신에게 집착하는 사랑을 하게 된 나르키소스. 자기도취가 너무 심한 상태라는 의미하는 심리학 용어 '나르시시즘'이 여기서 나왔다. 그렇다면 이 이야기에서 나르키소스는 자신을 진실로 사랑한 것이라고 말할 수 있을까?

차라투스트라는 자아를 찾기 위해서는 새처럼 자유롭게 중력의 힘을 이겨내고 맑은 하늘로 박차게 날아오를 정도로 가벼워야 한다고 말한다. 이것이 곧 세상과 종교, 그리고 도덕의 굴레에서 벗어나는 일이기도 하다. 그렇게 새처럼 홀가분하게 될 때에야 인간은 비로소 자기 자신에게 돌아와서 자신의 삶을 살며 자신을 소중하게 받아들이는 법을 배우게 된다.

차라투스트라는 이렇게 말한다.

"인간은 건전하고 건강한 사랑으로 자기 자신을 사랑하는 법을 배워야 한다. 그것이 나의 가르침이다. 이는 자기 자신을 참고 견디느라 방황하는 일이 없도록 하기 위함이다."

하지만 자신을 사랑하는 것이 어디 그렇게 쉽겠는가? 나르키소스조차도 자신을 진정으로 사랑하는 법을 알지 못했는데 말이다.

그래서 차라투스트라는 이렇게 말한다.

"그리고 참으로, 자신을 사랑하는 것을 배우는 것은 오늘이나 내일을 위한 계율은 아니다. 오히려 이것은 가장 세밀하고 가장 교묘하며 가장 큰 인내심이 요구되는 궁극의 기술이다."

자신의 자아를 발견하고 자기 자신을 사랑하는 법을 배우기 위해서, 우리는 세상의 교육과 도덕, 종교가 늘 어놓거나 주입하는 것과는 최대한 멀리하도록 노력해야 한다. 우리 내면에 아주 깊은 곳에 숨겨둔, 잠재해 있는 고유한 자아를 찾아야 한다. 그리고 세상에 "이것이 나의 선이요. 이것이 나의 악이요."라며 자신의 의지를 용기 있게 이야기할 줄 알아야 한다. 결국 주체적인 삶을 사는 것이 자기 자신을 사랑하는 것이다.

차라투스트라는 이렇게 말한다.

"모든 것을 맛볼 줄 아는 완전한 만족감, 이것은 최선의 미감이 아니다. '나'와 '그렇다'와 '아니다'를 말할 줄 아는, 아주 반항적이고 까다롭기 그지없는 혀와 위장을 가진 자를 나는 존경한다."

10. 삶은 부메랑처럼 돌아온다

 먼 옛날 호주 원주민들이 동물을 사냥하기 위해서 양쪽 끝이 활등처럼 조금 휘어지고 칼날처럼 날카롭게 만든 투척용 손도끼를 개발했다. 이것을 부메랑이라고 불렀다. 사실 호주 원주민들의 부메랑은 사냥이나 전투를 위해 만든 것으로 다시 던진 사람에게 돌아오는 부메랑이 아니었다. 그러다 부메랑의 모양이 다양해지고 용도가 다양해지면서 가벼운 무게에 다시 돌아오는 기능으로 만든 것이 지금의 부메랑이다. 부메랑은 적이나 동물에게 날아가 상대에게 치명상을 입히기도 하지만, 자칫 잘못 다루면 오히려 자신이 공격받는 위험에 처하기도 한다.

다시 원래 자리로 되돌아오는 부메랑의 특징을 심리학에 적용한 용어가 '부메랑 효과'다. 부메랑 효과는 '의도한 행동이 오히려 원래 의도와는 다르게 계획한 사람에게 불리한 결과를 초래하는 현상'을 뜻한다. 이 현상은 정치, 사회, 경제, 문화, 심리 등 다양한 분야에 적용되고 있다. 세상을 살다보면 이런 부메랑처럼 내가 벌인 일이 원래 자리도 돌아오는 회귀본능을 경험하게 된다. 이것을 사자성어로 인과응보因果應報라고 말하기도 한다. 우리의 삶도 부메랑처럼 갔다가 돌아오고, 내가 행한 행동이 나에게 다른 방식으로 고스란히 돌아온다.

동굴로 다시 돌아온 지 얼마 되지 않은 어느 날 아침, 차라투스트라는 미친 사람처럼 갑자기 잠자리에서 벌떡 일어나 무섭게 소리를 질렀다. 그러자 그의 목소리에 놀란 동물들이 그의 옆으로 달려왔다.

차라투스트라는 이렇게 말한다.

"솟아나라. 심연의 사상이여. 나의 깊이에서! … 나, 차라투스트라, 삶의 대변자, 고뇌의 대변자, 둥근 고리의 대변자인 내가 그대를 부른다. … 기쁘도다! 그대가 오고 있고, 나는 그대의 목소리를 듣는다!"

차라투스트라는 이레 동안 시체처럼 먹지도 자지도 않은 채 누워서 사색을 하고 어떤 깨달음에 이르게 된다.

차라투스트라는 이렇게 말한다.

"모든 것은 가고, 모든 것은 되돌아온다. 존재의 수레바퀴는 영원히 굴러간다. 모든 것은 죽고, 모든 것은 다시 꽃이 핀다. 존재의 세월은 영원히 흘러간다. … 모든 것이 꺾이고 모든 것은 새롭게 이어진다. … 모든 순간에 존재는 시작된다. 모든 '여기'를 중심으로 '저기'라는 공이 회전한다. 어디에나 중심은 있다."

만물의 역사에서 가장 잔인한 존재가 바로 인간이다. 자신들의 욕심과 욕망 때문에 무수한 자신들의 종족조차 무참하게 죽이는 잔인하기에 이를 데 없는 존재가 인류다. 그럼에도 결코 잘못을 뉘우치거나 용서를 구하지 않는다. 오히려 그 잘못을 포장하고 합리화하려 하고 아첨하려고 한다. 그리고 이 잘못의 원인은 남에게, 특히 자신보다 왜소한 존재에게 떠넘기고, 또 그들을 무참하게 살해한다. 인간이야말로 스스로에게 더없이 잔인한 짐승이다.

차라투스트라는 이렇게 말한다.

"비극을 보고 투우를 보고 십자가의 처형을 보면서 인간은 지금까지도 지상에서 가장 즐거운 행복을 누렸다. 그리고 인간이 지옥을 꾸몄을 때도, 보라. 그것은 인간의 지상 천국이었다. … 사실 인간이야말로 가장 잔인한 짐승이 아닌가!"

그런데 그들은 모른다. 자신이 행한 그 모든 추악한 일들이 결국 자신에게 되돌아올 것임을 말이다. 최선이 존재하기 위해서 최악이 필요한 법이다.

차라투스트라는 이렇게 말한다.

"모든 살아 있는 생명체는 인간 부패물, 뼈, 그리고 썩어 빠진 과거가 될 것이다. … 지금껏 그 어떤 인간에게도 닥치지 않았던 그대의 커다란 운명을 짊어질 것이다. … 이것이 이제 그대의 운명이다! … 이 커다란 운명이야말로 바로 그대의 최대의 위험이자 병이 아닐 수 있겠는가!"

11.
내일의 행복을 위해 지금 준비하라

　프랑스 파리 중심가에서 진료실을 갖고 있는 정신과 의사 꾸뻬 씨. 그는 동그란 안경에 짧은 콧수염을 가지고 은근히 신뢰감을 풍기는 지적인 외모를 가지고 있었다. 세계적인 문화가 숨 쉬는 도시 파리에서 누구보다도 성공적인 삶을 살고 있는 정신과의사 꾸뻬 씨의 진료실에는 언제나 상담을 원하는 고객들도 가득했다.

　그들은 별의별 고민을 안고 있었는데, 많은 것을 소유하면서도 불행하다고 생각한 사람, 신의 목소리를 듣는다고 주장하는 사람들, 사랑의 상처를 입어 더 이상 미래를 점칠 수 없게 된 점성가, 친절하면서 자극적인 남성을 찾는 여자….

그런데 이런 자들을 상담하던 정신과의사 꾸뻬 씨는 어느 날 자신도 역시 행복하지 않다는 결론에 도달하게 된다. 스스로 불행하다고 생각하던 자들과 자신도 마찬가지라고 생각하게 된 것이다. 그래서 그는 행복의 비밀을 찾기 위해서 세계 여행을 떠난다. 낯선 곳에서 낯선 문화와 낯선 사람들을 만나면서 그들에게서 발견한 행복의 비밀을 하나둘씩 기록해둔다.

이 소설은 정신과의사인 저자 프랑수아 를로르가 실제 자신의 경험을 바탕으로 쓴 소설 《꾸뻬 씨의 행복여행》이다. 이 소설에서 스스로 행복하지 않다고 생각한 사람들의 공통점은 자신이 무엇을 갖고 있는지 모르고, 행복이 다른 곳에 있다고 생각하거나, 남의 행복이 더 커 보인다고 생각하거나, 행복과 성공을 위해서 자신보다 남에게 더 의존하여, 행복이 자신에게 저절로 올 것이라고 생각하는 데 있다. 하지만 같은 하늘 아래 다른 저 편의 지구에서는 더 많은 불행의 삶이 존재하고 있다는 것을 모른다. 아니면, 애써 부정하지도….

세월이 흘러 차라투스트라의 머리가 새하얗게 세었다. 어느 날 그는 동굴 앞에 있는 바위에 앉아 말없이 저 먼 곳을 바라보았다. 구불구불한 계곡들 너머로 바다를 굽어볼 수 있었다. 그때 한 짐승이 다가와 생각에 잠긴 차라투스트라에게 묻는다.

"아, 차라투스트라여! 그대는 자신의 행복을 기다리는가?"

차라투스트라가 대답한다.

"행복이라니! 나는 행복에 뜻을 두지 않은 지 오래되었다. 다만 나의 일을 생각할 뿐이다!"

차라투스트라는 행복은 역청 같은 거라서 자신의 몸에 달라붙어서 쉽사리 떨어지는 헛된 욕망과 같은 것이라고 반문했다.

사실 누구나 행복을 바라지만 행복의 종류는 천차만별이며 제각각이다. 그럼 행복이란 진정 무엇이며 어떻게 하면 행복해지는 걸까? 대부분의 인간들은 황금빛 미래의 행복을 바라면서 정작 자신들은 불평과 불만을 입고 달고 산다. 그리고 그들은 그것을 위해 힘든 준비를 행하는 것을 꺼려한다. 오히려 삶을 비관하고 행복이 저절로 감처럼 입 안으로 떨어지기를 마냥 기다릴 뿐이다. 하지만 저절로 떨어지는 행복의 과실은 없다.

차라투스트라는 이렇게 말한다.

"나의 행복을 저 멀리 사방팔방으로, 일출부터 정오를 거쳐 일몰까지 던진다. … 나와 나의 운명은, 다시 말해 우리는 오늘을 향해 말하지 않으며, 결코 오지 않을 날을 향해서도 말하는 것도 아니다. 우리는 말하기 위한 인내와 시간과 그 시간을 뛰어넘는 시간을 이미 가지고 있다. 언젠가 그것은 오고야 말 것이며, 그냥 지나가 버리지는 않을 것이다."

그렇기에 언젠가 올 행복을 위해서 오늘도 우리는 넓은 바다에서 낚싯바늘을 드리우고 기다리고 기다리는 어부처럼 그것을 준비하면서 내일을 기다려야 한다.

차라투스트라가 이렇게 말한다.

"바깥으로, 저 바깥으로, 나의 눈이여! 아, 수많은 바다가 나를 둘러싸고 있지 않은가. 동터오는 인간의 미래가 나를 둘러싸고 있지 않은가! 그리고 나의 머리 위로 펼쳐진 장밋빛 고요를 보라!"

12. 양심에는 뇌가 없어야 한다

"모든 사람들의 가슴속에 깃들어 있는 양심만큼 무서운 증인은 없으며, 그것처럼 무서운 기소자도 없다."

이 말은 그리스 역사가 폴리비오스가 한 것이다. 그럼 양심은 무엇이며, 과연 존재하는가? '사물의 가치를 변별하고 자기의 행위에 대하여 옳고 그름, 선과 악의 판단을 내리는 도덕적 의식'이라고 설명되는 양심. 흔히 우리는 양심의 가책을 느꼈다고 말한다.

다시 말해 양심의 가책은 양심이 그릇된 행동임을 알고 있음에도 그것을 행하거나 타인이 행한 것을 그냥 묵인하고 인정한 것에 대한 반성하는 의식을 말한다. 양심conscience은 고대 라틴어 conscientia, '함께 앎'에서 유래되었다. 여기서 양심은 한 개인의 영역이 아니라, 타인들도 함께 인정하고 알고 받아들이는 감정이라는 것을 알 수 있다.

"오직 하나, 인간의 양심만이 모든 난공불락의 요새보다 안전한다." _ 에픽테토스

"양심은 영혼의 소리요, 정열은 육신의 소리이다."
_ 장 자크 루소

"인간을 비추는 유일한 등불은 이성이며, 삶의 어두운 길을 인도하는 유일한 지팡이는 양심이다."
_ 하인리히 하이네

"명예는 밖으로 나타난 양심이며, 양심은 안에 깃든 명예이다." _ 쇼펜하우어

"선의 영광은 그들의 양심에 있고, 사람들의 말에는 양심이 없다." _ 톨스토이

"양심의 지상 명령은 단 한 가지밖에 없다. 너의 의지가 명하는 대로 행동하며, 동시에 보편적인 법칙이 되어야 하는 규범에 의해서만 행동하라." _ 칸트

"남의 죄를 말할 때마다 너 자신의 양심을 반성하도록 하라." _ 벤저민 프랭클린

"양심은 가슴에 악사를 감추고 있다." _ 덴마크 속담

"양심은 이빨이 없다. 그런데도 많은 사람을 씹어 버린다." _ 러시아 속담

양심에 대한 다양하고 유익한 명언들이 있는데, 간혹 양심의 애매하거나 양면적인 민낯을 비꼬는 글도 있다. 양심에 대한 톨스토이의 말처럼, 어쩌면 이 세상에 양심이 없기에 이처럼 양심에 대한 명언이 이렇게 많은지도 모른다. 왜냐하면 없는 것을 더 바라는 마음에서 말이다. 유토피아처럼. 그래서 지금 우리 현실을 조금만 들여다보면 양심이 얼마나 보잘 것 없는지 미뤄 짐작할 수 있다.

대한민국 헌법재판소는 '양심이란 어떠한 일의 옳고 그름을 판단하는 데 있어 그렇게 행동하지 아니하고서는 자신의 인격적 존재가치가 허물어지고 말 것이라는 강력하고 진지한 마음의 소리'라고 정의한 바 있다. 그럼에도 지금 대한민국 사회는 정말 양심의 가책이 느끼는 사회일까?' 러시아와 덴마크 속담에서 보듯이, 이젠 양심은 논쟁의 대상이 돼버렸다.

숲과 늪지대를 지나던 차라투스트라는 너무 깊게 생각에 빠진 나머지 자신도 모르는 사이에 어떤 사람의 발을 밟아버렸다. 그러자 그는 외마디 비명과 두 마디 저주와 스무 개의 고약한 욕 짓거리를 차라투스트라의 얼

굴에 쏟아냈다. 그는 '거머리의 뇌를 연구하는 지적인 양심을 지닌 자'라고 소개했으며, 이 세상에서 자신보다 정신에 더 엄격하고 정밀하고 냉철한 사람을 보지 못했다고 자부한다고 말한다.

여기서 말하는 지적인 양심을 지닌 자는 세상의 지식과 학식에 얽매여 한 가지 분야만 파고드는 전문 학자로, 자신의 분야에는 통달하였으나 그 밖의 세계에 대해 모르고 관심이 없을 뿐만 아니라, 제대로 알지 못하면서 아는 척하고 다 이해하는 것처럼 행세하는 바보 같은 학자들을 말한다. 그들은 과학적 양심에 따라 검증가능하고 논리적인 것을 추구하는 그런 부류다.

차라투스트라는 이렇게 말한다.

"그렇다면 그대는 거머리의 본질을 잘 알고 있겠구먼. … 그대 지적인 양심을 가진 자여, 그대는 왜 거머리의 마지막 바닥까지 속속들이 파고 들려고 하는가? … 지금 그대의 이 겉모습이, 다시 말해 그대 자신이 지금 나에게 얼마나 많은 것을 가르쳐주고 있지 않은가."

그들은 정작 그들의 팔과 다리에는 수많은 거머리들 **세상의 지식과 학식**이 여기저기에 들러붙어서 피를 빨아대고 있었다는 것을 자각하지 못한다. 양심은 지식과 학식만으로 설명되거나 이해되지 않는다. 양심은 감정을 넘어서 행동으로 이어져야 한다. 그래서 양심에는 논리나 이성만으로 판단의 잣대를 대는 뇌가 없어야 한다.

13. 세상을 속이는 마술사를 조심하라

귀스타프 도레의
〈아서 왕에게 조언하고 있는 멀린〉

그리스 로마 신화나 북유럽 켈트 신화에서 마법과 마술은 비슷하게 사용되었지만, 조금씩 그 영역에 다르다.

그리스 로마 신화에서 '멀리까지 힘이 닿는 여자'라는 의미를 가지고, 마법과 마술의 여신으로 알려진 헤카테는 사제나 무녀로 등장한다. 주술과 마법의 여신으로 사람을 짐승으로 만들었다는, 독수리라는 어원을 가진 헤카테 여신의 제자 키르케가 있다.

한편 북유럽 켈트 신화에서는 만물을 지배하는 신들의 왕이며, 마법과 마술, 전쟁과 승리의 신인 오딘과, 사랑과 풍요, 그리고 아름다움의 여신으로 마법을 가르쳐 준 여신 프레이야가 있다.

이들 마법사들이 마법과 마술을 부리는 신이나 반신적 존재였다면, 아서왕의 전설에 등장하는 대마법사며 현자로 일컫는 멀린은 인간으로서 아서 왕의 조력자로 등장한다. 마술사 멀린은 1136년 영국 수도사이며 작가였던 몬머스의 제프리가 쓴《브리타니아 열왕사》에서 탄생되었다고 한다.

소설 속 멀린은 소설가 몬머스의 제프리가 브리튼 북부에 실존했던 미치광이 예언자 머르딘 윌트와 당시 전쟁의 지도자 멜르린 암브로시우스를 합쳐서 창조한 가공인물이었다. 예지력과 마법, 그리고 책사로서의 자질을 갖춘 마술사 멀린은 톨킨이 쓴 판타지 소설《반지의 제왕》에서 하얀 머리를 한 마법사 간달프로 다시 등장한다.

마법사는 초자연적인 영감이나 영혼을 주관할 수 있는 절대적인 힘을 가졌다는 점에서 신과 비등한 존재로서 아직까지도 영화와 만화에서 자주 활용되는 캐릭터다. 신화나 문학 속의 이들 마법사는 현대에 이르러 마술사가 비슷한 기적을 보여준다. 다만, 이 둘 사이의 큰 차이점은 실제로 마법을 행하는가, 아니면 교묘한 눈속임으로 스펙터클을 보여주는가이다.

바위 하나를 돌아서 가려는 순간, 차라투스트라는 길 위에서 미친 사람처럼 손발을 마구 휘두르다가 그만 배를 바닥에 깔고 누워버린 한 노인을 만나게 된다. 차라투스트라는 그 노인이 확실히 지체 높은 인간일 것이라고 생각했으며, 그를 돕기 위해서 지체 없이 내려갔다.

하지만 노인은 자신을 도우려고 한 차라투스트라에게 자신을 알아주지 않는 세상에 대해 쉼 없는 한탄을 쏟아내기 시작한다. 그 노인은 세상을 제 맘대로 조정할 수 있으며 세상 사람들에게 그들이 보지 못한 것을 보여 줄 수 있다고 호언장담하고 연기하는 마법사였다.

노인의 탄식을 듣고만 있을 수 없었던 차라투스트라는 지팡이로 그를 내리치고는 연극은 이제 그만두라고 꾸짖는다.

차라투스트라는 이렇게 말한다.

"알랑거리지 마라! 그대는 철저한 배우다. 그대는 거짓말쟁이다. 그대가 무슨 진리를 말한다고 말하는가! 그대는 공작 가운데 공작이며, 그대는 허영의 바다이며,

그대는 그렇게 한탄만 하는데, 그 누가 그대를 믿겠는가?"

여기서 마법사는 거짓 비유를 일삼는 시인이기도 하며, 허세를 부리는 배우이기도 하고, 위선에 가득한 학자이기도 하며, 세상 사람을 속이고 자기 잇속만 챙기는 정치인이기도 하고, 청렴한 척하면서 권세와 부귀를 누리려고 하는 종교인이기도 하고, 펜으로 혹세무민하는 언론인이기도 하며, 병 치료를 빌미로 장사를 하는 의사이기도 하며, 과도한 고리대금으로 사람을 등쳐먹는 금융가이기도 하다. 결국 이들은 다른 사람을 속여야 하는 마법사나 다름없다.

차라투스트라는 이렇게 말한다.

"그대가 수확한 진리들 가운데 하나가 구역질이다. 그대의 어떠한 말도 더 이상 진짜가 아니다. 하지만 그대의 입은, 다시 말해 그대의 입에 들러붙어 있는 구역질만은 진짜다."

14. 진정한 위버멘쉬는 누구인가?

 차라투스트라는 산에서 내려와 시장에서 자신이 저지른 실수들을 생각했다. 시장터에서 인간들에게 자신만의 가르침과 깨달음을 펴겠다고 각오하고 했지만, 여전히 군중은 그를 외면하거나 폄하하거나 뒷담화를 까거나 무시하기도 했다. 그들은 무한한 자기 극복과 용기, 그리고 의지를 말하는 차라투스트라를 비웃었다. 군중은 차라투스트라가 신을 모독했다고 삿대질했다.

 그들은 여전히 휘황찬란한 어릿광대를, 허세 부리는 배우를, 젠 체하는 학자를, 비유만 하는 시인을, 아첨하는 언론인을, 배신하는 정치인을, 속이는 마술사를, 허영에 가득찬 경제인을, 저 편의 세상을 장사하는 종교인을, 등쳐먹는 금융가를, 포기한 비렁뱅이를, 이간질 하는 변절자를, 병 장사를 하는 의사를, 그리고 저 편의 세계에 있을 것이라고 착각하는 신을 더 숭배한다.

차라투스트라가 그들에게 위버멘쉬가 될 것을 말하지만 그들은 듣지 못한다, 아니 듣지 않는다. 그들은 귀를 가졌지만 듣지 못하고, 눈을 가졌지만 보지 못하고, 뇌를 가졌지만 생각하지 못하고, 혀를 가졌지만 제대로 말하지 못하고, 손을 가졌지만 만져보지 못하고, 발을 가졌지만 그곳에 닿지 못하고, 그리고 가슴을 가졌지만 느끼지 못한다.

그렇다면 진정한 위버멘쉬가 되기 위해서 우리는 어떻게 해야 하나?

차라투스트라는 이렇게 말한다.

신은 죽었다고 말하라!

"신 앞에서라고! 그러나 이제 신은 죽었다! 이 신은 그대들의 가장 커다란 위험이라는 점을 깨닫자! 신의 무덤 속에 눕고 나서야 그대들은 비로소 부활할 것이다."

극복하라!

"그대들, 우월한 자들이여! 자잘한 덕을, 가소로운 재치를, 모래알 같은 조바심을, 개미떼 같은 잡동사니를, 가련한 자기만족을, 최대 다수의 행복을! 이것을 극복하라! 이것들이 초인에게 가장 커다란 위험이 된다!"

진정으로 용감하라!

"공포를 알되 공포를 제어할 줄 아는 자, 심연을 보되 긍지를 가지고 볼 줄 아는 자가 대담한 것이다. 심연을 보되, 독수리의 눈으로 보는 자, 독수리의 발톱으로 심연을 붙드는 자, 그가 진정 용감한 자이다."

악해져야 한다!

"인간은 더욱 착하고 더욱 악하게 되어야 한다. 위버멘쉬가 최고의 선을 이루기 위해서는 최고의 악이 필요하기 때문이다!"

더 힘들고 더 처절하라!

"그대들은 더욱 힘들고 더욱 처절한 상황에 놓여야 한다. 오직 그렇게 됨으로써만, 인간은 번개에 맞아 부서질 만한 높이로 성장한다. 번개를 맞기에 충분한 높이로!"

정직하라!

"오늘날, 내게는 정직함보다 더 값비싸고 진귀한 것은 없다. 왜냐하면 말종 인간은 무엇이 크고 무엇이 작고 무엇이 올곧고 무엇이 정직한지를 모른다. 그들은 자기도 모르는 사이에 구부러지고 언제나 거짓말을 해댄다."

건강한 불신감을 가져라!

"오늘날 건강한 불신감을 갖도록 하라. 말종 인간들은 근거도 없이 믿는 것이 당연하다고 생각한다. 그래서 지식을 장사하는 학자를 조심하라! 그들에게는 지혜가 부족하다."

자잘한 말에 귀를 막아라!

"그대들, 창조하는 자들이여! 부디 무엇을 위해서라는 것, 무엇을 목표로 하는 것, 무엇 때문이라는 것을 잊어 버려다. 이러한 거짓되고 자잘한 말들에 귀를 막아라!"

철저히 고독하라!

"고독 속에서는, 이 고독 속으로 끌려온 그 무엇은 성장하며, 또한 내면의 짐승도 성장한다."

자신의 내면을 봐라!

"그대들이 커다란 일을 그르쳤다고 하더라도, 그 때문에 그대가 실패작은 아니다. 그 때문에 인류 자체가 실패작이라면, 이 또한 좋다! 실패작임을 인정하고 용기를 내라! 인간의 가장 멀고 가장 깊고 별처럼 가장 높은 것, 인간의 엄청난 힘이 그대의 항아리 속에 있지 않은가!"

대가를 바라지 마라!

"모든 위대한 사랑은 사랑을 원하지 않으며, 위대한 사랑은 더 이상의 것을 원하지 않는다."

지혜를 배워라!

"불행 때문에 바보가 되기보다는 행복 때문에 바다가 되는 게 더 낫다. 절름거리며 걷기보다는 어설프게나마 춤추는 것이 낫다. 그러니 그대들은 지혜를 배워라. 가장 나쁜 것조차도 두 가지의 좋은 이면을 가졌다는 것을 알아라!"

● 에필로그를 대신하며 ●

나는 왜 차라투스트라를 만나게 되었나?

"나는 정말 잘 살고 있는 걸까?"
"이대로 살아도 괜찮은 걸까?"
"왜 사람들은 변할까?"
"어떻게 하면 남들보다 잘 살 수 있을까?"
"이게 맞나?"

살아가다보면 무수한 질문들 사이에서 고민하고 방황하고 좌충우돌한다. 하루하루의 삶이 고되고 외롭고 힘겹다. 나이를 먹으면 정말 다른 삶이 나에게 펼쳐져 있을 것이라고 생각했건만, 그 삶은 어김없이 나를 배신한다.

아니 삶이 아닌, 그런 젊은 날의 생각이 나를 어김없이 배신한다. 그런데도 나는 살고 있다. 그러면서 또 다람쥐 쳇바퀴 돌 듯이 고민하고 또 고민하고 답을 찾으려 한다. 그 답도 없는 고민을, 뫼비우스의 띠처럼 제자리로 돌아오고 마는 고민을 끝도 없이 한다.

그럼에도 내일은 오늘과 다르겠지. 거창한 변증법적 삶은 아니더라도 뭔가 다른 삶이, 뭔가 다른 꿈이, 뭔가 다른 희망이 언젠가는 찾아오겠지. 그런 위안 아닌 위안을 품에 안고 오늘도 힘든 하루를 열심히, 소시민적으로 살아가려고 노력하고 애쓴다. 지금의 나를 변화시킬 수 있는 그 무언가를, 그 누군가를 찾는다.

하지만 그 변화는 운명의 귀인이 나에게 주지 않는다. 운명의 귀인이란 세상에 존재하지 않는다. 결국 모든 난관의 몫은 그것을 헤쳐 나가야 하는 나에게 오롯이 귀착된다. 변하지 않으면 아무것도 할 수 없다. 그냥 가만히 있으면 아무것도 이뤄지지 않는다. 세상엔 공짜가 없다. 돈이든 몸이든 노력이든 정신이든 지불을 해야 한다.

정말 고되고 상처받은 내 삶을 간곡하게 위로받고자 할 때, 누군가는 자기계발서를, 누군가는 성경을, 누군가는 친구를 찾는다. 정말 진정한 내 삶을 간절하게 찾고자 할 때, 누군가는 재테크 책을, 누군가는 예술작품을, 또 누군가는 스승을 찾는다. 그럼, 나는? 바로 그런 때가 내게 지금 이 순간에 닥쳤다면, 나는 "차라투스트라를 만나라!"라고 말하겠다.

내가 니체를 만난 건 1989년 이른봄이었다. 불우한 청소년기를 경험하면서 운명처럼 다가온 종교가 기독교였다. 초등학교 6학년부터 그냥 교회를 다녔다. 그렇게 그냥 교회를 다녔다. 함께 기도하고 성경 공부하고 예수 그리스도를 알면서, 세상의 이치를 나 나름대로 깨닫고 있다고 생각했고, 그렇게 함으로써 힘든 청소년기를 잊을 수 있었다. 아마 그때 처음 배운 멋진 단어가 '염세주의'였던 것 같다. 그렇게 방황하던 중학교, 그렇게 힘든 고등학교를 보내면서, 내 길을 찾았다. 바로 '목회자'로 평생 살겠다고 다짐을 하고 신학대학원을 가기 전 철학과에 진학했다.

1989년 대학은 이념대립과 불의한 국가와 사회에 대한 투쟁현장이었다. 특히 철학과는 지금의 정치판처럼 좌우 대립이 심각했다. 철학과에 입학한 그해 봄, 나는 두 명의 철학자를 만나게 된다. 쇼펜하우어와 바로 '니체'였다. 쇼펜하우어의 염세주의는 니체가 정신적으로나 육체적으로 갈피를 잡지 못하던 젊은 시절, 니체에게 안개를 가르는 햇살과 같았다고 한다. 이 두 철학자는 목회자가 되겠다던 한 청년의 삶을 송두리째 바꿔놓았다. '목회자가 나의 길이구나'라는 철석같은 믿음이 세상에서 가장 멍청한 착각이었음을 깨닫게 해주었다.

　특히 기독교를 철저하게 비판한 니체의 《반그리스도》는 목회자가 되겠다고 했던 20살 청년에게 엄청난 충격이었다. 그렇게 시작한 니체 강독은 《비극의 탄생》 《우상의 황혼》으로 이어졌다. 그렇게 대학생활 3개월만에 이 청년은 목회자의 꿈을 접고 기독교를 자신의 몸 밖으로 영원히 해방시켰다. 그 청년은 중년이 된 지금은 불성실한 불자?가 되었다.

　그로부터 35년이 지났지만, 여전히 니체는 어렵다. 그의 생각을 이해하는 것이 어렵고, 그의 삶을 이해하는 것이 버겁고, 그의 문체가 난해하고, 그의 문학성이 자유분방해서 힘들다. 그럼에도 20살 청년이 55세 중년이 되었건만, 20대에 학사를 마치고, 30대에 석사를, 50대에 박사를 마치고도 여전히 삶은 의문투성이고 고민투성이고 절망투성이고 의문투성이다. 그래서 꾸준히 인생공부를 하려고 노력한다.

학사를 지나면서 철학을 관뒀지만 여전히 철학의 언저리에서 공부를 했고 지금도 학생들을 철학 언저리 학문인 미학을 가르치면서 공부도 하고 있다. 그래서인지 남들은 박사까지 한 사람이, 30년 동안 공부를 한 사람이, 책도 많이 내고 대학원에서 강의까지 하는 교수가 아직도 공부를 하느냐고, 아직도 궁금한 게 그렇게 많냐고 핀잔 아닌 시샘?을 한다. 그렇다 아직도 나는 내게 묻는다.

"지금 나는 과연 잘 살고 있는 걸까?"
"이 난관을 어떻게 헤쳐 가야 하나?"
"내겐 천운 같은 귀인이 오지 않는 걸까?"

심지어 '내가 그냥 목사가 될 걸!' 이런 생각까지 든다. 그야말로 상념과 공념의 연속이다.

그래서 오십 중반이 넘은 나는 다시 니체를 만나기로 결심했다. 그래서 다시 도전했다. 니체의 《차라투스트라는 이렇게 말했다》 강독을. 오십에 다시 만나는 니체, 오십에 다시 만난 차라투스트라는 20대와 다르게 다가올 것 같았다. 아마도 '그때의 차라투스트라'도 '지금의 나'와 같은 맘이지 않을까 하는 동질감에.

차라투스트라는 왜 광야에서 이렇게 고독하게 삶과 진리, 그리고 초인을 찾으려 했던 걸까? 그는 왜 자신이 초인이라고 생각하게 되었을까? 진정한 초인은 어떤 삶과 깨달음 속에서 성장하는 걸까? 정말 삶은 긍정과 투쟁으로 초월할 수 있는 실체일까? 성찰하고 고민하고 행동하면 나도 초인이 될 수 있을까? 이런 의문들이 꼬리에 꼬리를 문다.

그렇다면 우린 왜 유독 지금 '차라투스트라'를 만나야 할까? 해답을 찾기 위해? 아니면 깨달음을 얻기 위해? 아니다. 지금보다 다른 생각, 지금보다 다른 의지, 지금 다른 희망, 지금보다 다른 행동을 하기 위해서. 조금이라도 지금보다 다른, 안주하지 않는 내 삶을 기대하고자 하는 간절한 변화의 마음이 필요해서다.

　10년이 넘도록 산속에서 고독을 즐기다가 산을 내려와 시장에서 군중들에게 조롱당하고 다시 산을 오르내리면서, 어두운 동굴에 갇혀 지내면서 그가 느꼈을 그 고독과 깨달음을, 마치 예수 그리스도가 40일 동안 광야에서 악마의 유혹을 이겨내면서 삶과 세상의 이치를 깨달은 것처럼. 전부는 알 수 없겠지만, 차라투스트라가 느꼈을 그 깨달음에 한 발짝 다가가고자 하는 절박함 때문이다. 여기서 나만의 길을 나아가는 법을 배운다면, 더할 나위 없이 기쁠 것이다.

　20살 청년에게 신이 죽었다면, 50대 중년에게 초인이 나타나기를 바라는 마음으로,《차라투스트라가 이렇게 말했다》다시 읽고 다시 글을 썼다.

　차라투스트라는 이렇게 말했다.

　"모든 신은 죽었다. 이제 우리는 초인이 나타나기를 바란다!"

● **참고문헌** ●

Friedrich Nietzsche, Thus Spoke Zarathustra, Fingerprint Publishing

프리드리히 니체 지음, 장희창 옮김(2004),《차라투스트라는 이렇게 말했다》, 민음사

프리드리히 니체 지음, 이진우 옮김(2020),《차라투스트라는 이렇게 말했다》, 휴머니스트

정동호 지음(2021),《니체 : 〈차라투스트라는 이렇게 말했다〉해설서》, 책세상

강영계 지음(2008),《철학의 끌림 : 마르크스, 니체, 프로이트》, 멘토프레스

혼다 토오루 지음, 전새롬 옮김(2009),《바람난 철학사》, 애플북스

이병창 지음(2024),《지적 대화를 위한 교양인의 현대 철학》, 팬덤북스

고병권 지음(2003),《니체의 위험한 책, 차라투스트라는 이렇게 말했다》, 그린비